Für Tilda

1. Auflage 2021

ISBN 978-3-200-07761-4
© 2021 Mosers Büro GmbH, Wien
Alle Rechte vorbehalten
Illustration Umschlag: Ambros Knapp
Illustrationen: Simone Rabenseifner
Autorenfoto: © www.peterrigaud.com
Druck und Bindung: Druckerei Hans Jentzsch & Co GmbH
Printed in Austria

Christian Moser

UNTER
DEUTSCHEN

Deutsch-österreichische
Hass-Liebes-Geschichten

Inhalt

Das Bundeshendl – eine Verortung

Ich war wieder auf Stippvisite in meiner alten Heimat Österreich, die mittlerweile wieder meine neue ist. In meiner Wiener Firma hatte sich hohe Prominenz angesagt. Ein echter Hofrat, also ein hochrangiger österreichischer Beamter, kam zu Besuch, um eine Kampagne für ein Ministerium abzusegnen. Der Amtstitel Hofrat hat Jahrhunderte deutsch-österreichischer Geschichte in Österreich überlebt, wurde er doch im sechzehnten Jahrhundert im Heiligen Römischen Reich deutscher Nation erfunden. Und weil die Österreicher, was Titel betrifft, besonders erfinderisch sind, gibt es den Titel in echt, also für die hohe Beamtenschaft, es gibt aber auch die „unechten" Hofräte, wie sie im Volksmund genannt werden, weil sie nur verliehen werden.

In Deutschland arbeitete ich zu dieser Zeit auch gerade für ein Bundesministerium und eine Staatskanzlei und begegnete dort Ministerialdirigenten und weniger lustigen Beamten mit lustig klingenden Titeln. In Deutschland läuft eben vieles sehr formal und diszipliniert ab. Ganz im Gegensatz zu Wien. Zuerst wird einmal in Ruhe Kaffee (mit Betonung auf der letzten Silbe) getrunken, nach Belieben eine Zigarette geraucht und die allgemeine politische Lage augenzwinkernd unter die Lupe genommen, was bei österreichischer Politik die einzige Möglichkeit ist, die diversen Verhaltensoriginalitäten rational und emotional zu verarbeiten, ohne selbst verhaltensoriginell zu werden.

Bis der offizielle Teil beginnt, ist schon mal eine viertel bis halbe Stunde vergangen. Schließlich legten wir mit der Präsentation unserer gesammelten Werke vor den insgesamt vier hohen Herren aus dem Ministerium los. Ernsthafte Fragen wurden von weniger ernsthaften abgelöst, bis nach einer Stunde die Stunde der Wahrheit kam.

„Herr Hofrat, wie gefallen Ihnen die kreativen Ergüsse?"

„Ich sage es ungern, aber es gefällt mir ausgezeichnet. Ich hätte nur eine Bitte: Gebt mir bitte an den Anfang der Präsentation das Bundeshendl drauf."

Ach, wie schön, dass es ihm gefallen hat. Ach, wie schön, das Wort Bundeshendl zu hören, fühlte ich mich doch sofort wieder daheim. Ganz im Gegensatz zu meiner Projektleiterin, einer tüchtigen und peniblen Hessin, die mich mit großen Augen anstarrte. Ich hatte sie in einem Wahlkampf kennengelernt und einige Jahre später aus einem deutschen Ministerium befreit. Ich hatte sie von Anfang an davor gewarnt, dass preußische und k. und k. Bürokratie sehr, wenn nicht sogar diametral anders funktionieren.

Und auch, dass der österreichische Humor gewöhnungsbedürftig für sie sein würde. Erstens müsse sie lernen, zwischen den Zeilen zu lesen. Zweitens müsse sie hinterfragen, ob das Gegenteil dessen, was gesagt wird, nicht eher der Wahrheit entspricht. Drittens solle sie nicht alles glauben, was man ihr auftischt. Deshalb hatte ich ihr den Auftrag gegeben, lieber einmal zu viel als zu wenig zu fragen. Was sie –

als pflichtbewusste Sicherheitsdenkerin – auch tat.

„Entschuldigen Sie bitte, Herr Hofrat, aber was ist ein Bundeshääändl?"

„Oh, pardon, gnädige Frau. Erstens heißt es Hendl, wie das Grillhendl, mit kurzem e, und ich meinte natürlich den Bundesadler, das Hoheitszeichen der Republik Österreich", erwiderte der Hofrat schmunzelnd.

„Willkommen in Österreich. Küss die Hand."

Dies ist nur eine Anekdote deutsch-österreichischer Hass-Liebes-Geschichten, die ich „unter Deutschen" erlebt habe und die ich auf den nächsten Seiten erzähle. Diese Anekdote des Bundeshendls erzählt aber auch viel über die unterschiedlichen Mentalitäten in Bürokratie und Gesellschaft, die ich genauer unter die Lupe nehme. Das beginnt schon bei den Hoheitszeichen, dem deutschen und dem österreichischen Bundesadler, die auch das Cover des Buches schmücken und die uns als Illustrationen durch das Buch begleiten werden. Die deutsche Ausgabe geradlinig, schnörkellos, stramm, ungekrönt, das österreichische Hendl mit Krone, Hammer, Sichel und sonstigem Schnickschnack ausgestattet.

Corona hat mich wieder zum Wiener gemacht. Ich bin zum zweiten Mal in meinem Leben zugereist, diesmal mit meiner Frau, einer waschechten Hannoveranerin, die ich zuerst nach Berlin und jetzt nach Wien entführt habe. Meine Frau und ich zogen also in jenes überdimensionale Freilichtmuseum, das nach wie vor die Ausdünstungen der alten k. und k. Monarchie atmet, die ich mit zunehmendem Alter nicht mehr stark rieche oder über die ich mich zusehends amüsiere. Ich lebe in zwei Welten. Ich bummle zwischen den beiden Welten. Ich beobachte und beschreibe beide Welten. Die Welten heißen Deutschland und Österreich. Sowohl meine beruflichen Aktivitäten als auch mein Privatleben zwingen mich förmlich dazu. Meine Tochter lebt noch in Berlin. Meine deutsche Frau lebt in Wien, ihre Freunde und Verwandten in Niedersachsen. So verschwimmen für mich die Grenzen, obwohl die Pandemie plötzlich Grenzregime errichten ließ, die an längst vergessene und verdrängte Zeiten gemahnen.

So bin ich beruflich wie privat gezwungen, mich mit den sich täglich ändernden Auswüchsen der kakanischen und preußischen Bürokratie herumzuschlagen, was auch mich *mütend* macht, wie dieser neudeutsche Zwitter aus müde und wütend die Gemütslage vieler beschreibt. Und wie es eben in solchen Ausnahmesituationen ist, nimmt man, nolens volens, die vorherrschenden kulturellen Verhaltensabsurditäten besonders intensiv wahr. So durchlebten meine Familie und ich besonders seit dem Beginn dieser Pandemie alle emotionalen Hochs und Tiefs, die man sich nur vorstellen kann und die der deutsche Dichterfürst Johann Wolfgang von Goethe in „Klärchens Lied" so treffend zu Papier gebracht hat:

Freudvoll und leidvoll, Gedankenvoll sein,
Langen und bangen.
In schwebender Pein,
Himmelhoch jauchzend, zum Tode betrübt –
Glücklich allein
Ist die Seele, die liebt.

Um die Trübsal zu vertreiben, schreibe ich, meinem Seelenheil zuliebe, meinen Frust von der Seele. Auch wenn mich das Schwergewicht meiner Gedanken ab und an in die Knie zu zwingen droht, hoffe ich, Ihnen mit meinen Anekdoten auf die Sprünge zu helfen. Mein Narrativ sind meine Beobachtungen, Erkenntnisse und Grenzerfahrungen als jahrelanger Dauerpendler an der deutsch-österreichischen Grenze. Ach ja, das Narrativ. Dieses besonders in der Pandemie so inflationär gebrauchte und missbrauchte Wort leitet sich vom lateinischen Wort *narrare*, also erzählen, ab. Aber steckt im Wort Narrativ nicht auch das Wort *Narr*?

Fühle ich mich nicht von Schwachsinn brabbelnden Politikerinnen und Politikern und den grenzwertig agierenden bürokratischen Organen nicht nur genervt, sondern gar genarrt? Oder bin ich selbst gar ein *mütender* Narr? Ehrlich gesagt, bin ich alles zusammen und das hat – wie so oft – mit den Römern zu tun.

Glaubt man dem Narrativ der Etymologen, dann leitet sich der Narr vom spätlateinischen Wort *nario* ab. Das heißt demnach nichts anderes als Naserümpfer. Also versuche ich meine geistigen Ergüsse in eine Erzählform zu gießen, die ich als naserümpfend- augenzwinkernde Anekdotensammlung bezeichne. Ich suche dabei sogar Hilfe bei Genies wie Albert Einstein. Da ich es bereits vor langer Zeit aufgegeben habe, seine Relativitätstheorie verstehen zu wollen, halte ich mich an einen leicht verständlichen Satz des großen Meisters, der seit vielen Jahren über meinem Schreibtisch hängt:

Der Hauptgrund für Stress ist der tägliche Kontakt mit Idioten.

Physisch, also analog, gelingt mir das schon recht gut. Da sind mir die Shutdowns, Lockdowns und sonstigen Downs sehr behilflich. Im digitalen Zeitalter ist es aber unmöglich, Idioten-Kontakt zu vermeiden, außer man zieht den Stecker. So suche ich Trost und Rat bei Menschen, die ich mag. „Die Lage ist ernst, aber nicht hoffnungslos", raunen mir meine deutschen Freundinnen und Freunde fernmündlich und fernbildlich, sich selbst Mut zusprechend, zu.

Dann erwidere ich, das könne man genau so, also mit der deutschen Brille, oder auch anders sehen, und zitiere den großen, vor den Nazis geflüchteten Wiener Journalisten und Autor Alfred Polgar:

An schön' Gruß an den Nationalrat. I laß' sag'n,
die Lage ist hoffnungslos, aber nicht ernst.

Ich liebe diese Sprüche, weil sie die Mentalitäten dies- und jenseits der jeweiligen Sprach- und Staatsgrenzen wunderbar persiflieren. Als *embedded Ösi* versuche ich bestimmte Verhaltensmuster, die ich in der Bundesrepublik, aber auch in Österreich, beobachtet und erfahren habe, zu beschreiben und meinen Senf dazuzugeben. An meinem Schreibtisch im siebenten Wiener Gemeindebezirk sitzend, mosere ich aus südöstlicher Perspektive schreibend vor mich hin.

Auch als Autor bin ich in deutschsprachigen Landen viel herumgekommen. Von Sylt bis Stuttgart, von Luxemburg bis Dresden, von Hamburg bis Heidelberg, von Düsseldorf bis Weimar, von Berlin bis Innsbruck, von Wien bis Bozen und Bern, von der Nordsee bis zum

Bodensee, von der Ostsee bis zum Neusiedler See und so weiter und so fort. Ich bin nicht wahllos durch die Lande gefahren. Ich bin Menschen nachgereist, um Bücher zu schreiben. Nein, nicht wie dieses. Bei diesem wünsche ich mir, dass es sehr viele mehr als eine Person lesen. In meinen bisherigen Werken wünschte ich mir genau das nicht. Es sind „Profiling Books": Bücher, die immer nur für eine Person bestimmt sind. Als Erzähler bin ich in diesen Büchern der Spiegel, der wiedergibt, was ich sehe, spüre und fühle. Es sind Portraits von Menschen, die es geschafft haben und noch etwas schaffen wollen. Frauen wie Männer. CEOs, Vorstände und Vorständinnen sowie Spitzenpolitikerinnen und -politiker. Ich besuche sie bei der Arbeit und zu Hause, spreche mit Freunden, Ehepartnern und Kindern. Ich stelle Fragen, Fragen, Fragen, aus denen ein Bild entsteht, das ich spiegele und zu Papier bringe. Aus der Geschichte leite ich weitere Fragen ab, die intelligente Menschen nur selbst beantworten können. Ich unterstütze sie dabei, sich selbst besser kennenzulernen.

Ich bin beruflich Schatzsucher. Ich suche und hebe Schätze von und in Menschen. Ich mache bewusst und gehe an die Wurzeln. Nein, ich mache keine Wurzelbehandlung, ich lege die Wurzel frei. Ich gehe mit den Menschen zurück in ihre Kindheitserinnerungen, um den Beginn ihres Wachstums als Mensch zu verstehen. Da offenbaren sich für viele Aha-Effekte, nur weil sie sich bewusst machen, woher sie kommen, warum sie da sind und wohin sie vielleicht noch wollen. Da ist alles dabei. Ehemalige Hausbesetzer, die heute im Vorstand sitzen. Schulabbrecher, die über den zweiten Bildungsweg den steinigen Weg in die Chefetage geschafft haben. Frauen, die in einer Zwei-Zimmer-Wohnung in der Provinz groß geworden und heute CFO einer Großbank sind. Bis hin zur Adeligen, die als CEO eines Familienbetriebes eine Traditionsmarke ins digitale Zeitalter führt. Egal, woher sie kommen oder wer sie sind: Für mich sind alle gleich. Sie sind Menschen.

Jeder Mensch hat Stärken und Schwächen. Ich beschäftige mich fast ausschließlich mit ihren Stärken und Begabungen. Ich mache also das glatte Gegenteil dessen, was das deutschsprachige Bildungssystem mit Menschen macht. Beim Beseitigen der Schwächen kommen die Stärken unter die Räder. Ich werde oft gefragt: Profiling, was ist denn das? Was machen Sie da? Dann beginne ich auf meine hanebüchene Art zu rappen und zitiere eine Wiener Pop-Ikone namens Johann Hölzel, besser bekannt als Falco, der in seinem Song „Egoist" folgenden Fragenkanon vertonte:

Was ist er denn?
Was hat er denn?
Was kann er denn?
Was macht er denn?
Was red't er denn?
Wer glaubt er, dass er ist?

In diesen Coachingprozessen lerne auch ich mich bei jedem Mal besser kennen, weil ich viel dazulerne. Ich lerne aber auch das Land, die verschiedenen Regionen, die verschiedenen Mentalitäten, besonders aber hochinteressante Menschen, die mir intimste Geheimnisse anvertrauen, kennen. Sie lassen mich nicht nur durchs persönliche Schlüsselloch blicken, sie geben mir auch Einblick in ihre Seele. Meine Erlebnisse und Beobachtungen auf meinen Roadtrips durch deutsche und deutschsprachige Lande fließen in dieses Buch ein. Die eine oder andere Geschichte bette ich in geschichtliche, gesellschaftliche oder politische Entwicklungen ein. Vielleicht schaffe ich es, der einen Leserin oder dem anderen Leser nicht nur ein Lächeln auf die Lippen zu zaubern, sondern auch den einen oder anderen Denkanstoß zu geben, Dinge anders zu sehen, neu zu bewerten oder sich ab und an einfach nur zu wundern und eben zu schmunzeln.

Unterm Schwanz

Da stehe ich nun hilfesuchend unterm Schwanz und habe keine Ahnung, dass ich unterm Schwanz stehe. Das sollte ich erst knapp drei Jahre später von meiner heutigen Frau erfahren. Ich, als zugereister Österreicher, der mit dem Zug von Berlin nach Hannover gereist war. In nur einer Stunde vierzig vom Hauptbahnhof Berlin, dem modernen architektonischen Schmuckstück der Partyhauptstadt an der Spree, in die Landeshauptstadt der Langeweile und des Mittelmaßes an der Leine, wie man es mir zuvor zugeraunt hatte.

Ich stehe also vor dem Hauptbahnhof und starre auf einen Arsch. Es ist eine Reiterstatue auf einem doppelmannshohen Sockel. Das Hinterteil eines überdimensionalen Pferdes inklusive Schweif und Reiter ist mein erster Eindruck dieser Stadt. „Oasch", denke ich mir. „Das fängt ja gut an." Es wird auch gut, nein ausgezeichnet sogar, denn ich werde noch viel Spannendes, Lustiges und Schicksalhaftes hier in dieser angeblichen Stadt des Mittelmaßes erleben.

Ich bin aber nicht in Hannover, um einen Pferdearsch zu bestaunen. Ich brauche dringend ein Taxi, das mich zu einem wichtigen beruflichen Termin in die niedersächsische Staatskanzlei bringen soll. Endlich erspähe ich ein Taxi, nein Dutzende Taxis, die rechter Hand von Ernst-August auf Kundschaft warten. Forschen Schrittes hetze ich über den Platz und steige in den Wagen.

„Guten Tag. In die Planckstraße 2. Niedersächsische Staatskanzlei, bitte."

Der Taxifahrer nickt und setzt seinen weißen Mercedes in Fahrt.

„Was macht ein Österreicher in der Staatskanzlei? Sie sind doch Österreicher, oder?"

„Ihnen kann man aber auch wirklich nichts verheimlichen."

Die nächste Ampel ist rot. Der Fahrer dreht sich zu mir um und an seinem verschmitzten Lächeln merke ich, dass jetzt eine der von mir gefürchteten Geschichten kommt. Zur Auswahl stehen die Erlebnisse vom letzten Schiurlaub oder vom letzten Wien-Besuch oder die Frage, ob ich mit Hans Moser verwandt bin. Da fällt mir ein, dass er das gar nicht fragen kann, ich habe mich ja nicht vorgestellt.

In meinen Jahren in Deutschland habe ich gefühlt hunderttausende Schiurlaube mit wildfremden Menschen verbracht, sogar schwitzend und keuchend in der Sauna bin ich vor solchen verbalen Urlaubs-Dia-Vorträgen nicht sicher. Auch die Franzl-und-Sisi-Geschichten, das volle Touristenprogramm durch Wien kann ich mittlerweile im Schlafe nacherzählen: Schönbrunn, Hofburg, Kunsthistorisches Museum, Kapuzinergruft, Stephansdom und so weiter und so fort. Aber es kommt anders.

„Wissen Sie, wie man bei uns zu Österreichern sagt?"

„Nein", erwidere ich, mich dumm stellend, allerdings ahnend, was jetzt kommen könnte, nachdem sich meine erste Annahme als falsch erwiesen hat. Die Ampel wird grün, erster Gang, zweiter Gang, dritter Gang. Der Taxler, wie man in Wien sagt, blickt wieder kurz über seine Schulter und flüstert ganz leise:

„Schluchtenscheißer."

„Wie bitte? Könnten Sie bitte ein bisschen lauter reden."

Natürlich habe ich verstanden, doch ich muss ein wenig Zeit für meine Antworten gewinnen.

„Schluchtenscheißer", sagt der Mann nun laut und deutlich in schönstem Hochdeutsch und beginnt zu kichern.

„Nein, wirklich. Habe ich noch nie gehört, sehr witzig." Ich mache eine Kunstpause.

„Wissen Sie, ich bin in den Bergen groß geworden. Wenn ich so recht überlege, finde ich diesen Ausdruck sehr passend. Haben Sie das schon mal in einer Schlucht gemacht?"

„Was gemacht?"

„Na, in die Schlucht gemacht."

„Nee", antwortet er ein wenig verlegen.

„Ich schon öfters. Und wissen Sie, welch befreiendes Gefühl das ist? Einfach herrlich! Das ist mit nichts zu vergleichen. Das ist wahre Freiheit. Sollten Sie auch probieren, wenn Sie mal in Österreich sind."

Einundzwanzig, zweiundzwanzig, dreiundzwanzig ... der Taxler beginnt wieder zu kichern.

„Sie veräppeln mich wohl, oder?"

„Nein, würde ich niemals tun", erwidere ich grinsend. „Aber Sie sind ein Piefke, so sagen wir zu euch, mit Humor. Solche Piefkes mögen wir Schluchtenscheißer."

Wir lächeln uns an. Kaum hatten wir uns versehen, sind wir schon da. Sind wir das? Das Taxi fährt vor einem schlichten, schnörkellosen Gebäude vor. Diesmal blicke ich den Taxifahrer staunend an.

„Sind Sie sicher, dass wir hier richtig sind?"

Ich wende meinen Blick auf den herrschaftlichen Gebäudekomplex auf der gegenüberliegenden Straßenseite.

„Jo, sind wir. Das gegenüberliegende Gebäude ist das niedersächsische Landesmuseum."

„O.k. Wenn Sie es sagen. Nobel geht die Welt zugrund', sagen wir Österreicher. Das ist in diesem Falle anders, Understatement vom Feinsten."

„Jo, so sind wir. Schnörkellos. Ich wünsche Ihnen einen schönen Tag."

„Gleichfalls. Und denken Sie an meine Worte, was wirkliche Freiheit ist."

Ich steige die vier Treppen zum Haupteingang hoch, wo

ich bereits empfangen werde. Weiter geht es in die erste Etage, die gleichzeitig die oberste Etage ist. Ich betrete das Zimmer des Hausherrn, der mich begrüßt. Wir hatten uns in Berlin kennengelernt. Jetzt kommt sozusagen der Gegenbesuch. Auch das Büro des „Landesfürsten" ist alles andere als fürstlich. Ich würde sagen spartanisch, allerdings mit Blick auf das fürstlich wirkende Landesmuseum. Es brennt mir auf der Zunge. Es muss raus.

„Herr Ministerpräsident, Sie leben aber sehr schlicht. In Österreich haben Pressesprecher ein größeres Büro als Sie. Ich habe den Taxifahrer zweimal gefragt, ob wir hier richtig sind."

„Ach ja, ihr Ösis, ihr habt es aber gerne feudal. Da seid ihr euren unmittelbaren Nachbarn sehr ähnlich", antwortet er mir verschmitzt, um mir eine Geschichte eines Staatsbesuches zu erzählen. Für Österreicher ungewohnt, gibt es auch innerdeutsche Staatsbesuche, mit Protokoll und allem Drumherum. Anfang des Jahrtausends war der Ministerpräsident des Freistaates Bayern zu einem Staatsbesuch angesagt, bei dem einige Staatsverträge zu unterzeichnen waren. Alles war vorbereitet, um den Staatsgast zu empfangen. Die Staatskarossen, blau-weiß beflaggt, waren von den Stufen des neuklassizistischen Baus bereits aus der Ferne zu sehen.

Als sie auf der Planckstraße kommend fast schon in Rufweite waren und rechts einbiegen sollten, lief plötzlich nichts mehr nach Protokoll. Der Konvoi nahm zur Überraschung aller die Abbiegung nach links und fuhr vor dem Landesmuseum vor, vor dessen Haupteingang die Kolonne hielt. Die Sicherheitsleute sprangen aus dem Auto, um die Lage zu sichten und zu sichern, selbst die geometrisch geschnittenen Büsche im wunderschönen Garten nach englischem Stil blieben von ihren Blicken nicht verschont. Als alles sicher war, öffneten sie dem Ministerpräsidenten die Autotür. Da stand er nun wie bestellt und nicht abgeholt. Das Missverständnis sollte sich rasch aufklären und so wurde der hohe Gast wenig später auf der gegenüberliegenden Straßenseite von seinem Amtskollegen empfangen.

„Ja, ja. Ihr alpenländischen Katholiken seid doch alle gleich. Ohne Weihrauch und Pomp geht gar nichts ..."

„Ja, Sie haben recht, Schluchtenscheißer ticken alle gleich."

Ich verbrachte meine Kindheit und Jugend vornehmlich in katholischen Kirchen und hinter dickem Klostergemäuer. Ich war nicht nur acht Jahre Ministrant oder Messdiener, fast meine gesamte Schulzeit verbrachte ich in katholischen Schulen und Internaten.

„Meine Einstiegsdrogen waren Weihrauch und Messwein. Ersteren kann ich immer noch nicht riechen. Bei Zweiterem bin ich hängen geblieben."

Wir sollten noch viele lustige und tiefsinnige Gespräche führen und führen sie immer noch. Niedersachsen gab mir beruflich wie privat die Möglichkeit, einen tieferen Blick hinter die deutschen Kulissen zu werfen. Auf meinen Roadtrips quer durch Deutschland werde ich viele spannende und weniger spannende Menschen kennenlernen. Mein Bild von Deutschland und den dort Lebenden wird sich in den kommenden Jahren massiv verändern, auch das Bild von Hannover und seinen angeblich so langweiligen und mittelmäßigen Eingeborenen. Es geht doch nichts über ein schönes Vorurteil. Aber halt! Hat um und in Hannover nicht ein Mann sein humoristisches Unwesen getrieben, dessen Bildergeschichten zu den Klassikern des deutschen Humors gezählt werden und der mich schon als Kind zum Lachen gebracht hat? Ein Mann, der gemeinhin als Erfinder der Comics gilt und dem die Stadt Hannover zu Recht ein seinen Namen tragendes Museum gewidmet hat? Ein Mann, der mich mit seinen lustigen Geschichten früh geprägt hat? Ein Mann, dessen geflügelte Sätze aus dem deutschen Sprachgebrauch nicht wegzudenken sind?

Vater werden ist nicht schwer, Vater sein dagegen sehr.

Dieses war der erste Streich, doch der zweite folgt sogleich.

Heinrich Christian Wilhelm Busch ist sein Name. Seinem Künstlernamen fielen die beiden Vornamen zum Opfer. Wilhelm Busch studierte übrigens, wenig erfolgreich, in Hannover, als jener Herrscher regierte, der heute auf dem Rücken des monumentalen Pferdes thront, Ernst-August von Hannover. Sein „Thronfolger" gleichen Namens treibt mittlerweile hauptsächlich in Österreich sein Unwesen, nachdem er in Monte Carlo nicht mehr gern gesehen ist. Sehr zur Freude des Boulevards.

Prinz Ernst August, bekannt für Exzesse und einen gewissen Hang zu verhaltensauffälligen Aktionen, bekommt es immer wieder mit der Polizei zu tun. Blöd nur, dass auch österreichische Polizisten etwas dagegen haben, attackiert zu werden, Prinz hin oder her. Das alles zur Gaudi der Bewohner seiner oberösterreichischen Wahlheimat, ist er doch in diversen Amtsgerichten ein öfters gesehener Mann und in den Medien oft beschriebener Welfenprinz im ehemaligen kaiserlichen Stammland der Habsburger.

Aber zurück zu seinem Stein gewordenen Vorfahren, dessen Pferdes Arsch gen Hauptbahnhof ragt, dessen Blick aber über den nach ihm benannten Platz Richtung Innenstadt schweift. Diese Statue ist so etwas wie eine Reminiszenz an mehr oder weniger ruhmreiche Zeiten. An Zeiten, als „Deutschland" der kleinste gemeinsame Nenner deutschsprachiger Intrigenspiele war. Der deutsche Bund, ein Flickenteppich (in Österreich Fleckerlteppich genannt), gewebt aus Königreichen wie Hannover, sonstigen Fürsten- und Herzogtümern und sogar dem Kaiserreich Österreich. In dessen Hauptstadt wurde das Königreich Hannover sogar aus der Taufe gehoben, 1814 auf dem Wiener Kongress.

Blöd nur, dass die Welfen aufs falsche Pferd gesetzt hatten und an der Seite der Habsburger ein halbes Jahrhundert später in den Krieg gegen die Hohenzollern zogen. So wurde 1866 aus dem Königreich Hannover die preußische Provinz Hannover. Seitdem weiß man dort, dass man mit Österreichern zwar gut feiern, aber keinen Krieg gewinnen kann. Ist auch besser so, wie ich meine. Meine lernfähige Frau, kleinbürgerlicher hannoverscher Provenienz, erinnerte sich an die alte Habsburger-Weisheit. Allerdings hatte sie Latein am Gymnasium frühzeitig abgewählt und so kam es zu einem folgenschweren Übersetzungsfehler. Sie interpretierte das berühmte „Tu felix Austria nube" in

„Du Glückliche heirate einen Österreicher" um. Gott sei Dank. Ich habe übrigens einer sehr humorvollen, auf den Spuren Buschs wandelnden Hannoveranerin das Jawort gegeben. Bisher allerdings ohne spür- und messbare geopolitische Folgen, aber wer weiß, was da noch kommt. Wir sind ja noch jung. Was sie aber ist, sie ist leidensfähig, was wiederum die Grundvoraussetzung dafür ist, mich auszuhalten. Sie ist nämlich Anhängerin von Hannover 96, dem die hannoversche „Neue Presse" 2020 folgende Schlagzeile gewidmet hat:

„Hannover bleibt zweitklassig!"

Die gleiche Schlagzeile stimmt übrigens auch 2021. Gut, das könnte man auch anders verstehen und wir wären wieder beim Mittelmaß. Gemeint war vielmehr, dass der seit 1896 bestehende Traditionsklub nach dem Abstieg aus der Bundesliga noch Schlimmeres abgewendet hat: den Abstieg vom Mittelmaß der fußballerischen Zweitklassigkeit in die Bedeutungslosigkeit der Dritt-klassigkeit. So klingen Jubelmeldungen in Hannover.

„Hoch die Tassen!"

Die Hannoveranerinnen und Hannoveraner treffen sich übrigens seit mehr als 150 Jahren unterm Schwanz. Und sie werden es weiter tun, weil es sich „unterm Schwanz" einfach schön trifft. Auch ich habe es immer wieder getan. „Es war sehr schön. Es hat mich sehr gefreut", hätte der alte Kaiser Franz Joseph I., besser bekannt als Nebendarsteller „Franzl" im Blockbuster „Sissi", gesagt.

Der mosernde BERWiener

Als ich landete, herrschten Aufbruchsstimmung und Abbruchstimmung zugleich. Ich hatte mich entschieden, jetzt war es unwiderruflich. Ich war Anfang Mai 2012 in meiner neuen Heimat Berlin angekommen und verspürte Wehmut. Nicht des Heimwehs wegen. Ich war damals heilfroh, meinem hassgeliebten Geburts- und Aufzuchtland Österreich, wo ich mehr als vierzig Jahre meines Lebens verbracht hatte, zum Abschied leise Servus zu sagen. Ich war viel herumgekommen in der Welt, privat wie beruflich. Dennoch oder gerade deswegen wurde mir Österreich, speziell Wien, zu eng.

Österreich ist eben kleiner als manch deutsches Bundesland, auch wenn das manch Österreicher diametral anders wahrnimmt. Im Wort Österreich steckt ja immerhin das Wort Reich. Deutschland ist nur ein Land. Noch Fragen? Dieses Großmachtdenken bemerkt man immer noch in manch bürokratischen Ungetümen und Handlungsanleitungen, die stark an das Kakanien in Robert Musils „Mann ohne Eigenschaften" erinnern. Diesen wenig schmeichelhaften Namen gab Musil ironisierend der erstarrten und geschäftig dem nahenden Untergang entgegentaumelnden österreichisch-ungarischen Doppelmonarchie. Kakanien steht als Metapher dafür, dass die Kacke bereits am Dampfen ist, die Elite dies aber verdrängt und weiter Champagner schlürft.

Seine Titelfigur mag sich zu nichts bekennen, will sich nicht festlegen (lassen), um sich alle Optionen offenzuhalten. Der neidische Blick schweift in die nahe Ferne.

Der sanfteste aller Staaten stürmte in manchem seiner Zeit heimlich voraus.

So ironisch skizzierte die Erzählstimme im Roman den Status Kakaniens gegenüber scheinbar modernen Ländern, besonders Deutschland. Diese Zeilen schrieb der Österreicher Musil übrigens in Berlin, wo er zwischen 1931 und 1933 am Kurfürstendamm 217 logierte.

Also machte auch ich mich auf nach Berlin und verspürte gleich zu Beginn diese Wehmut des Abschiednehmens. Das Abschiednehmen von einem kleinen, feinen Flughafen, der aus der Zeit gefallen schien. Als ich vom Gate ins Freie trat, erschlug mich ein überdimensionales Megaplakat mit dem Konterfei Willy Brandts. Dieses Megaboard versprach mir, dass ich künftig nicht mehr auf diesem Berliner Schmuckstück ankommen würde, dem Flughafen Tegel. Alle waren damals total aufgeregt, denn in sieben Tagen sollte es so weit sein. Die meisten Läden waren bereits ausgeräumt, die Umzugskartons waren gepackt. Der Airport-Code TXL sollte in einer Woche von jenem des neuen Hauptstadtflughafens BER abgelöst werden. Es sollte aufgrund mannigfach aufgetretener Unwägbarkeiten das eine oder andere Jahr länger dauern.

Das Gefühl des Abschieds wurde schon bald vom Gefühl der Wiedergeburt abgelöst. Der Flughafen Tegel feierte sie praktisch jedes Jahr. Die nächsten acht Jahre werde ich allen Versprechen zum Trotz weiterhin auf meinem immer wieder zum Leben erweckten Lieblingsflughafen Tegel landen. Gleichzeitig übermannte mich in diesen Jahren aber auch das Gefühl des Staunens, des Wunderns und des Fremdschämens. Selbst für einen gelernten Österreicher waren die kommenden Pleiten-, Pfusch- und Pannenjahre eine neue, irritierende Erfahrung.

In Deutsch-Absurdistan

Die angesehene „Neue Zürcher Zeitung" hat Berlin diesen Titel verliehen, also die neutralen Schweizer. Aus dem mondänen Groß-Berlin ist ein kleingeistiges und kleinkariertes, von Absurditäten und Unfassbarkeiten geprägtes Klein-Berlin „Deutsch-Absurdistan" geworden. Weit entfernt von einer Metropole und weit entfernt von anderen zivilisierten (Stadt-)Staaten.

Bis vor kurzem in Berlin lebend, wundert mich heute kaum noch etwas. Auch nicht, dass der Seuchenflughafen in Schönefeld ausgerechnet in der größten Pandemie- und Wirtschaftskrise seit Menschengedenken hochgefahren wurde. Dies mitten im Shutdown, wo alles andere hinuntergefahren wurde und der Flughafen bereits pleite war. Er war von der ersten Sekunde an vom Shutdown bedroht und das im wahrsten Sinne des Wortes. War Kakanien unbemerkt im früheren Preußen wiederauferstanden? Oder anders formuliert: Wie können Schein und Sein so weit auseinanderliegen? Ach ja, ich habe als BERWiener die „Steißgeburt" des Flughafens BER bereits als Wiener aus der Ferne mitleidig beobachtet. Mehr als acht Jahre Hauptwohnsitz Berlin waren genug, um eine *Self-fulfilling Prophecy* Wirklichkeit werden zu lassen. Ich hatte im Scherz immer gesagt: Wenn das so weitergeht, ist dieses Jahrzehnt zu Ende und ich sitze vielleicht wieder in Wien mit einem Achterl Grüner Veltliner und sage: Jo eh. Passt scho. Wird scho werd'n. Oder doch nicht?

Das heutige Berlin in seinen Stadtgrenzen besteht erst seit hundert Jahren. Mit dem Groß-Berlin-Gesetz von 1920 verdoppelte sich die Einwohnerzahl durch Eingemeindungen auf 3,8 Millionen, ungefähr so viele Menschen leben auch heute dort. Das Naziregime, der Zweite Weltkrieg, der Mauerbau, der Mauerfall und die Wahl zur Hauptstadt der Bundesrepublik Deutschland ließen Berlin nach 1989 zu einer riesigen Baustelle werden. *Crane-City*, Kranstadt, wird sie von den immer weniger werdenden „echten" Berlinern genannt. Von außen betrachtet eine Metropole des Aufbruchs und der Freiheit, die immer noch die DNA vom Alten Fritz, Friedrich II., in sich trägt, wonach jeder nach seiner Fasson leben soll.

Und dann ist da noch das andere Berlin, wo die Kieze das Leben prägen. Kleine, überschaubare Stadtflecken, die eher wie ein Dorf funktionieren oder auch nicht. Verwaltet werden sie eher wie Schrebergartensiedlungen, und das mit Mitteln aus der Prä-Groß-Berlin-Zeit. Die Administration der Stadt ist vielfach von dilettantischem Tun geprägt. Dies allerdings mit preußischer Gründlichkeit und unfassbarer Rückständigkeit. Die Digitalisierung ist an den verschiedenen Ämtern weitestgehend spurlos vorübergegangen, an digitale Vernetzung ist gar nicht zu denken. Zu sehr ist man noch mit dem Stopfen der diversen Funklöcher, Straßenlöcher und blinder digitaler Flecken beschäftigt. Dies würde aber auch wenig ändern, ist doch auch die analoge Vernetzung etwas, das man nur dann macht, wenn es wirklich nicht mehr anders geht. Die große Berliner Mauer gibt es nur noch an wenigen Plätzen und im Museum zu sehen. Die tausenden Mauern in den Köpfen der Berliner Beamtenschaft sieht man zwar auch nicht, dafür bekommt man sie umso heftiger zu spüren.

Viele Berlinerinnen und Berliner verlassen ihre Kieze kaum bis gar nicht. Das hat auch damit zu tun, dass die Fortbewegung, mit welchem Verkehrsmittel und sonstigen Mitteln auch immer, im Krieg enden kann. Der herrscht nämlich auf Berlins Straßen, wenn man das so nennen darf. Es sind eher Parcours, die Fußgänger, Radfahrer, Autofahrer, aber auch Fahrgäste der Öffis auf die Palme treiben und aufeinander wütend werden lassen. Ein Ende ist nicht abzusehen, hat man doch eher das Gefühl, dass die Anzahl der Baustellen exponentiell anwächst. Und so herrscht Krieg auf Berlins Straßen, aber auch in manchem Kiez. Einige, gar nicht wenige Flecken Berlins gelten als „Lieber nicht hingehen"-Areale, die sich quasi selbst verwalten. Kriminelle Clans sorgen für Recht und Ordnung oder das, was sie darunter verstehen.

Made in Germany

Berlin sei ja nicht Deutschland, sagen mir fast alle deutschen Nicht-Berliner, mit denen ich rede. Dem widerspreche ich und ergänze, dass Berlin eben auch Deutschland ist. Aber was ist Deutschland oder korrekter die Bundesrepublik Deutschland eigentlich? Was haben wortkarge Fischköppe mit schuhplattelnden Oberbayern gemein? Was frankophile Saarländer mit sächselnden Erzgebirglern? Die Bundesrepublik Deutschland ist eine Erfolgsmarke. „Made in Germany" steht für Qualität, Verlässlichkeit, Effizienz und Effektivität.

„Made in Germany" sollte ursprünglich aber für etwas ganz anderes stehen. Wie so oft basiert die Bedeutung dieses Claims, der zum Qualitätssiegel wurde, auf einem Missverständnis. Die Briten hatten nach gewonnenem Zweiten Weltkrieg deutsche Produkte mit der Schandmarke „Made in Germany" versehen, damit Britinnen und Briten möglichst die Finger davon ließen.

Clevere deutsche Markenstrategen deuteten das Schandmal einfach in ein Qualitätssiegel um – der Erfolg gab und gibt ihnen (noch) recht. Ein kluger Schachzug. Seit dem Umgang der Politik mit der Corona-Krise beginnen auch immer mehr Deutsche an „Made in Germany" zu zweifeln. Wenn *zeit.de* im März 2021 etwa schreibt: „Deutschland schrumpft nach einem Jahr der Pandemie zu einer Karikatur seiner selbst: regierungswütig, missgünstig und fürchterlich schwerfällig", und *spiegel.de* zehn Tage später Deutschland gar zum „Europameister im Schwarzmalen" ernennt und die Frage nachschießt: „Was ist nur mit den Deutschen los?" Dieser und ähnlichen Fragen widme auch ich mich.

Aus Bewundern wurde bei mir vielfach Wundern. Wenn sich gar Bundeskanzlerin Angela Merkel bei ihren Landsleuten entschuldigt, weil durch handwerklichen Murks eine geplante „Osterruhe" nach einem öffentlichen Gebrüll schlichtweg abgesagt werden musste. War das Wort des Jahres 2020 noch „Corona-Pandemie", gebar das Pleiten-, Pech- und Pannenmanagement der vielen deutschen Regierungen im Jahr 2021 das Wort *mütend*. Dieser publizistische Zwitter beschreibt die Lage in einem Land, das vor der Pandemie vor lauter Kraft kaum gehen konnte. Jetzt wurschtelt es sich von einer Panne zur nächsten Unfassbarkeit und umgekehrt. Und jetzt kommt noch einer „Made in Austria", legt seine Finger in die Wunden und meint sogar: Mich wundert das alles nicht.

Grenzwertige Regime

So sah es im November '89 aus.
Haben wir das schon alles vergessen?
Denken wir nur noch an Wohlstand?
Mir scheint es jedenfalls so.

Diese ursprünglich handgeschriebenen Zeilen stammen aus der Feder eines ostdeutschen Politikers, die er mir während eines Coachings zeigte. Er schrieb sie als 15-Jähriger für die erste Ausgabe der Schülerzeitung nach dem Mauerfall. Darüber ein Foto, das ein fehlendes Stück in der deutsch-deutschen Mauer zeigt, das den Blick frei macht in den Westen. Ich habe sehr viel mit ostdeutschen Kunden, aber auch Freunden zu tun. Sie alle leiden unter dem Corona-Regime besonders, hatten sie doch alle eines gemein: Freiheitsentzug.

Die Sehnsucht nach Freiheit ist wieder entflammt. Für in der DDR Aufgewachsene bedeutet Freiheit etwas ganz anderes als für ihre westdeutschen oder österreichischen Kolleginnen und Kollegen. Einige verspürten die Repressalien eines Unrechtsstaates am eigenen Leibe, manche hatten ihrer alten Heimat noch vor dem Mauerfall Adieu gesagt oder sie wurden dazu gezwungen.

Ein halbes Jahr vor dem ersten Corona-Shutdown hatte ich den CEO eines Konzerns in meinem Wohn-Büro in Berlin-Mitte auf der Museumsinsel zu Gast, hoch über den Dächern Berlins. Es war die zweite Coaching-

Session, wir hatten uns gegenseitig beschnuppert und hatten beschlossen, dass wir sehr gut miteinander können, uns also weiter öffnen sollten. Als wir in einer Pause aus dem Fenster Richtung Bahnhof Friedrichstraße schauten, brach es aus ihm heraus.

„Ja, ja, der Tränenpalast. Da stand ich mit meiner kleinen Tochter im Arm und einem Koffer in der Hand. Es war der 8. April 1986."

Tränenpalast nennt der Berliner Volksmund umgangssprachlich die ehemalige Ausreisehalle der Grenzübergangsstelle Bahnhof Friedrichstraße in Ostberlin. Was folgte, war eine berührende Geschichte. Er galt als nicht regimetreu, der junge Mann aus Weimar. Dort, wo so viele Jahrhunderte so viele Größen der Kultur ihre künstlerische Freiheiten genossen hatten, dort fühlte er sich eingesperrt. Die Stasi „verhalf" ihm in die Freiheit, von jetzt auf gleich. Sie entzog ihm die Staatsbürgerschaft, nahm ihm den Pass weg und gab dem nun Staatenlosen keine vierundzwanzig Stunden Zeit, die DDR zu verlassen.

Nur seine Tochter durfte er mitnehmen. Der Rest der Familie musste bleiben. Schnell das Allernötigste zusammenpacken, alle Dokumente ordnen und ab nach Ost-Berlin, Bahnhof Friedrichstraße. Ja, es ging alles schnell, zu wenig Zeit für Angst vor dem Ungewissen. Die Trauer, alles zurücklassen zu müssen. Über Nacht könnten sich seine Sehnsüchte erfüllen. Darf ich daran denken, endlich frei zu sein? Zu machen und zu lassen, was mir in den Kopf kommt? Gar zu reisen, wohin auch immer ich möchte? Ja, es wurde Wirklichkeit und er ist einer der vielen Ossis, die es geschafft haben. Er kam nach dem Mauerfall als „Wessi" wieder nach Ost-Berlin zurück, um für die Treuhandanstalt zu arbeiten. Diese hatte ausgerechnet in einem Nazi-Moloch ihr Hauptquartier eingerichtet. Hermann Göhring trieb hier sein Unwesen, später die Stasi, besonders die Abteilung für Agitation und Propaganda. Heute ist es der Sitz des Bundesfinanzministeriums. Bei unserer dritten Begegnung brachte er mir ein Überraschungsgeschenk mit: Schwarz-Weiß-Fotos, die sich an den Rändern einringelten.

Der Grund dafür war einfach erklärt. Der Mauerfall kam auch für die Stasi überraschend und so verließen die Menschenfänger Hals über Kopf ihr Quartier. Zurück blieben viele „Schmankerl". Im Fotolabor unterm Dach hingen tausende Fotos zum Trocknen auf der Wäscheleine, die die letzten Zuckungen des Arbeiter- und Bauernstaates noch ins rechte oder besser ins linke Bild rücken sollten. Dazu kam es aber nicht mehr und so haben sie ein neues Zuhause bei mir in Wien gefunden.

Auch seine Tochter hat ein neues Zuhause gefunden, weit weg von ihrer alten Heimat. Während ihr Vater berufsbedingt in Berlin, in diesem *Failed State*, wie er sagt, hängenblieb, zog es seine Tochter in das *Land of the Free*, das Land der Freiheit, in die USA. Aus der Entfernung wundert sie sich nicht schlecht über die Engstirnigkeit, Kleinkariertheit und Behäbigkeit ihres Vater-Landes. Wenn sie etwa die Diskussionen über das Testen und Impfen in Deutschland mitverfolgt, setzt bei ihr Fremdschämen ein. Sie ist seit Anfang des Jahres 2021 durchgeimpft, zweimal auf dem

Parkplatz ihres Supermarktes in Texas. Ihr Vater wird es erst viele, viele Monate nach ihr schaffen. Einigen meiner aus Ostdeutschland stammenden Kunden und Bekannten hat das staatliche Dilettieren in der Pandemie zugesetzt. Ihnen allen ist die Angst gemein, ihre gewonnene Freiheit wieder zu verlieren.

Etwa ein lieber Kunde, gebürtiger Ostberliner, der nach Potsdam „ausgewandert" ist. Auch ihm ging die Entwicklung Berlins ab 2000 vollkommen gegen den Strich, auch er spricht vom *Failed State*, in dem nichts, aber auch gar nichts funktioniere. Fast schlimmer als in der DDR, die er alles andere als liebte.

Für ihn als Ingenieur ist manches „Wessi-Geschwätz" heute unerträglich und das macht ihn noch *mütender* als die Pandemie selbst. Der überwiegende Teil der Wessis sind für ihn Angsthasen, German Angst ist für ihn „West-German Angst", vorgetragen von „wohlstandsdegenerierten Jammerlappen". Viele seien sich des Gutes Freiheit nicht bewusst, konsumierten und replizierten, was ihnen vorgekaut würde. Der gemeine und gesetzte Wessi an sich könne nicht zwischen den Zeilen lesen und plappere alles unreflektiert nach. Gleichzeitig würde er sich in seinem westdeutschen pseudointellektuellen Überlegenheitsgefühl suhlen und erkläre den dummen Ossis oder jedem anderen, der nicht dem vorgegebenen Mainstream folgt, wie und wo es langgehe. Dann kämen die moralisch erhabenen Quatschköpfe aus ihren Löchern und faselten unreflektiert von exponentiellem Wachstum, hätten aber in den meisten Fällen nicht die geringste Ahnung, was das wirklich sei.

„Ich erkläre ihnen dann, das sei Mathematik, man lerne das in der Schule, zumindest im Osten. Das, was sie beschrieben, hätte meistens mit exponentiellem Wachstum genauso viel gemein wie die DDR mit Demokratie, obwohl es auch Deutsche Demokratische Republik hieß."

Es sei einfach schade, dass man nie auf die große Kompetenz der Ossis zurückgegriffen habe, speziell auf jene, „aus Scheiße Gold zu machen". Wenn man Wessis dann intellektuell zur Rede stelle, komme das Totschlagargument schlechthin: der Datenschutz. Angsthasen eben.

Für einen Ostberliner Freund heißt Freiheit Party. Mit ihm bin ich die Schauplätze seiner Kindheits- und Studentenzeit abgegangen. Anfang der 1990er-Jahre war in Prenzlauer Berg und Mitte die Post abgegangen. Aus ihm sprudelten Geschichten der Freiheit, ja der kurzzeitigen Anarchie in den Jahren nach dem Mauerfall heraus. In jedem zweiten Haus, besser in jedem zweiten Keller, stiegen Partys, DJs legten heute da und morgen dort auf, völlig illegal, „aber scheißegal". Von Brand- und sonstigem Schutz konnte keine Rede sein.

„German Angst, was ist das? Drauf gesch…n! Lasst uns einfach Party machen!"

Mit seiner Berliner Schnauze haute er mir im bitterbösen schwarzen Humor Unerfreuliches um die Ohren, allerdings nur, was Österreich betrifft:

„Während in den österreichischen Kellern Frauen ihrer Freiheit beraubt und misshandelt wurden, stiegen in unseren Kellern die krassesten Partys der Welt! Freiheit pur!"

Für Menschen, die im Osten aufgewachsen sind, sich aber nicht wohlfühlten, fühlen sich die Einschränkungen der Bürgerrechte in Pandemiezeiten besonders schlecht an. Besonders das Wort „Ausgangssperre" führt zu Schnappatmung bei meinen Ossi-Freunden und -Kunden. Ich verstehe sie, sage ihnen aber, dass in Österreich von November 2020 bis Mai 2021 eine teilweise oder gänzliche Ausgangssperre herrschte. Wie könnt ihr das ertragen? Warum lasst ihr euch das gefallen? Diese und ähnliche Fragen prasseln auf mich ein.

„Na ja, es ist eine österreichische Ausgangssperre. Das wird alles nicht so heiß gegessen wie gekocht. Das wird alles sehr pragmatisch angegangen."

Selbst der Wiener Tierarzt unseres Lieblings Olaf musste lachen, als wir ihm diese Geschichten erzählten. Ja, er habe viele Freunde in Deutschland, Ost wie West, die unsere Gelassenheit überhaupt nicht packen. Er sage ihnen dann einfach: „Kauft euch einen Hund, dann könnt ihr Tag und Nacht draußen sein." Wir haben es getan. Wir haben unseren aus Ungarn geflüchteten und im Wiener Tierheim gestrandeten Promenadenmischling nicht nur ins Herz geschlossen, sondern sogar in den Adelsstand erhoben. Seither hört er auf den königlichen Namen Olaf von Kakanien. Hätten wir aber gar nicht gebraucht, denn in Österreich war trotz der Ausgangssperre das Spazierengehen, Joggen etc. ausdrücklich erwünscht, auch für und mit Kindern. Betrachtete man die Diskussion in Deutschland, ab wann und ob und wie und bis wann man zum Beispiel alleine joggen darf, blieb man kopfschüttelnd zurück, und nicht nur in diesem Fall.

Corona hat unser aller Leben verändert, das meiner Frau und meines besonders. Aufgrund besonders absurder Grenzerfahrungen in Berlin beschlossen wir, nach Wien zu ziehen. Was wir nicht bedacht hatten, war, dass plötzlich wieder viele, viele Mauern errichtet werden würden und wir vor neuen, unvorstellbaren Grenzerfahrungen stehen würden. Die hochgepriesene europäische Freiheit des Personenverkehrs war plötzlich Vergangenheit. Wo ist mein geliebtes Europa geblieben? Alle Menschen werden Brüder? Oder doch nur die Deutschen oder die Österreicher oder die Tschechen oder die Polen oder die Franzosen und so weiter und so fort? Die Schotten wurden dicht gemacht. Plötzlich hatten wir den gleichen Status wie die von mir geliebten Schotten. Die Schotten aus Fleisch und Blut sind seit dem *Brexit* keine EU-Bürger mehr. Die verbliebenen EU-Bürger aber auch nicht. Wir EU-Inländer machen uns zu Ausländern und stellen uns unter Quarantäne.

Aber auch innerdeutsche Mauern, innerdeutsche Staatsgrenzen, wurden mir nichts, dir nichts hochgezogen. Jeder kocht sein eigenes Süppchen, jeder macht seine eigenen Gesetze und Verordnungen. So mussten wir mehr als ein Jahr als jeweilige „Ausländer" nicht nur ständig innereuropäische Grenzen mit einem Wust an Bürokratie-Schwachsinn überwinden. Nein, auch in Deutschland feierten die Kleinstaaterei und das Schrebergartendenken fröhliche Urstände. Das Problem dabei ist: Wir konnten nicht anders, wir mussten da durch, meiner geliebten und starken Tochter zuliebe.

Grüne Männchen

Selbst die Armee konnte uns nicht daran hindern. Nicht irgendeine Armee, das österreichische Bundesheer, der Nachfolger der „ruhmreichen" k. und k. Armee. Die Soldaten wurden, wie in der österreichischen Verfassung vorgesehen, zum Assistenzeinsatz an die Grenze beordert. Und so mussten wir viele Male Militärkontrollen an der tschechisch-österreichischen Grenze über uns ergehen lassen – nach Stunden in ostdeutschen Totalsperren und tschechischen Endlos-Autobahn-Baustellen, das Ziel Wien in Spuckweite. Die Polizei kontrollierte zwar die Pässe, den unangenehmen Papierkram überließ sie aber verfassungsgemäß 18- oder 19-jährigen Jungspunden, die ihre Wehrpflicht zur Abwehr böser Mutanten und anderer Immigranten ableisten mussten. Der Kontakt mit den grünen Männchen führte bei mir wiederholt zu Beklemmung, Schnappatmung, Bluthochdruck und Schweißausbrüchen zugleich. Ich selbst hatte als 19-Jähriger als Sanitäter beim Heer meine Staatspflicht erfüllt. Jetzt stehen mir halb der Pubertät Entwachsene gegenüber und kommandieren mich alten Deppen herum. Ich mutierte zum „Ossi", meldete mein Körper unterbewusst, doch regelmäßig Alarm. Achtung, Freiheitsberaubung! Achtung, Feind! Meine deutsche Frau musste mich immer ruhigstellen, damit ich als Österreicher nach Österreich einreisen durfte.

Es war ein bürokratischer Spießrutenlauf, stimmten die Einreisebestimmungen auf der Homepage des

Außenministeriums doch selten mit den gerade gültigen Bestimmungen vor Ort überein, was zu durchaus amüsanten Konversationen führte.

„Ihr Corona-Test ist abgelaufen."

„Warum, hier auf dem Einreiseanmeldeformular steht, dass man mit einem sieben Tage alten PCR-Test einreisen darf."

„Ja, ich weiß, aber das ist nicht mehr gültig."

„Und wie erfährt man das?"

„Hm, das weiß ich auch nicht. Sie müssen auf jeden Fall jetzt die Einreiseanmeldeformulare neu ausfüllen."

„Sie sind ja weit schlimmer als die Deutschen mit ihrer Einreisebürokratie. Dass ich das einmal sagen muss ..."

Ja, das sagte meine Frau, und sie hatte so etwas von recht. Kakanien in voller Pracht ward wiedergeboren. Das aber nicht nur an österreichischen Straßen-Grenzübergängen, viel schlimmer waren meine wenigen Rückreisen per Flieger. Am Flughafen Wien angekommen, sah ich sehr bald nur noch grün. Grüne Männchen aus Fleisch und Blut in ihren Kampf-Uniformen bestimmten das Bild. Bin ich da in einer Kaserne? Oder gar im Krieg? Um nicht rot zu sehen, griff ich zu meiner altbewährten Überlebensstrategie und stellte mich brav in der Schlange an, um die Militärkontrolle über mich ergehen zu lassen. Ich hielt still, bis ich an der Reihe war. Bevor ich vor einem Pickelgesicht verbal die Hosen runterlassen musste, startete ich einen Überraschungsangriff in Guerilla-Stil.

„Entschuldigung, bin ich hier irrtümlich in Myanmar gelandet? Vormals bekannt als Birma oder Burma.“

„... äh, ich verstehe nicht, was Sie meinen.“

„Ich gebe Ihnen einen Tipp. Googeln Sie einfach Myanmar, mit Ypsilon geschrieben, dann wissen Sie vielleicht, was ich meine, ist aber auch nicht so wichtig.“

„Pass, Einreiseanmeldung und gültiger Corona-Test.“

„Jawohl, Herr Rekrut, wird sofort durchgeführt.“

Beim Verlassen des Flughafens denke ich mir immer wieder: Wo bin ich denn hier gelandet? Da lob ich mir die österreichisch-tschechische Grenze. Ich fahre wieder per Auto.

Kafkaeske Grenzerfahrungen

Meine Tochter lebt noch in Berlin. Das war früher schon ein Problem, als wir noch in Berlin wohnten. Seit Corona sind die Absurditäten exponentiell gewachsen. Ich bin nämlich kurzerhand zum bösen Ausländer geworden, der noch dazu in der Seuchenmetropole Wien lebt. Höchste Vorsicht ist geboten! So wurde meine Tochter fast ein Jahr daran gehindert, nach Wien zu kommen. Mir wurde es verboten, sie nach Österreich zu Umgängen und Urlauben zu holen. Corona setzt einem schwierigen Verhältnis mit ihrer Mutter jetzt endgültig die Krone auf. Dies mithilfe eines Berliner Familiengerichts, das bereits vor Covid-19 mehr schlecht als recht seine verfassungsmäßig vorgesehenen Aufgaben wahrgenommen hatte.

So wurden wir gezwungen, im alten Preußen, also in Berlin und Brandenburg, unsere Kontakte zu pflegen. Beherbergungsverbot hin oder her. Österreich geht sowieso nicht, der Rest Deutschlands ist aber auch ausdrücklich verboten, egal, ob die Familie und die Freunde meiner Frau in Niedersachsen wohnen oder nicht. Das Gericht stellt sich tot, sieht nichts, hört nichts, sagt nichts, zumindest nichts Vernünftiges. Die Bundesrepublik Deutschland zerfällt während Corona wieder in viele Fürstentümer. Da kaum noch geflogen wird, die Flüge ständig verschoben oder storniert werden und noch dazu schweineteuer sind, ist das Fliegen zu zweit mit Hund keine Option. Also durchqueren wir seit März 2020 deutsche und benachbarte Lande. Die ersten Grenzerfahrungen hatten wir am Grenzübergang Passau, weil Tschechien gesperrt war. Mittlerweile heißt unsere Strecke Wien–Prag–Berlin–Prag–Wien, und das mindestens zweimal pro Monat. Wir durchqueren die Länder Österreich, Tschechien (auch vormalige sudetendeutsche Gebiete), Sachsen, Brandenburg und Berlin. In letzteren drei Ländern gelten unterschiedliche, manchmal diametral andere Gesetze und Regeln. Hoch lebe die Kleinstaaterei!

Wir durchqueren aber genauso oft Prag. Da es nach wie vor keine Umfahrung gibt, führen alle Straßen gen Dresden oder Wien durch die Metropole an der Moldau. Je nach Verkehrslage dirigiert uns unser Navi durch Villen-Vororte, durch Plattenbausiedlungen, manchmal aber auch durch die wunderschöne Innenstadt. An den Prunkbauten vorbeifahrend, erwische ich mich öfters, dass ich Antonín Dvořáks neunte Symphonie pfeife.

Ich hatte seinen Großneffen als Lehrer in meiner Journalistenausbildung im Fach Dramaturgie. Seither habe ich eine gewisse Affinität zu Dvořák entwickelt. Es sind schöne Klänge, die meinen Körper erwärmen. Unversehens läuft es mir aber kalt über den Rücken, wenn ich an die kafkaeske Gegenwart denke oder selbige mich einholt. Es sind die absurden, grotesken, menschenverachtenden Regularien, denen wir uns ohnmächtig unterwerfen müssen. Hier in Prag schrieb also einer der großartigsten deutschsprachigen Literaten seine kafkaesken Geschichten. Hier, wo ich ohne GPS schlichtweg aufgeschmissen wäre ob der tschechischen Straßenschilder und -namen, die mich eher verwirren als mir Orientierung geben. Was helfen mir da meine mehr oder minder guten bis ausreichenden Sprachkenntnisse in Englisch, Spanisch, Französisch und Latein? Nothing, nada, rien, nihil. Hier wuchs Kafka auf, ging auf deutsche Schulen und studierte auch Jura an der deutschen Universität. Er, der einer doppelten Minderheit in Prag angehörte. Einerseits der deutschsprachigen Volksgruppe, die etwa sieben Prozent der Prager Bevölkerung ausmachte, anderseits war er auch noch Jude. Vielleicht ist es dieser Mix, der diese großartigen Erzählungen schuf. Kafka war Prager, den eine innige Hassliebe mit seiner Geburtsstadt verband:

Prag lässt nicht los ...
Dieses Mütterchen hat Krallen.

Das schrieb er über die tschechische Hauptstadt Prag auf Deutsch, in seiner Muttersprache, in der er dachte, fühlte und träumte. Hier kreierte er Figuren, die mir auf den schier endlosen Fahrten auf tschechischen Autobahnen immer wieder durch den Kopf schossen, vor allem zwei. Beider Männer Schicksal möchte ich keinesfalls teilen und doch fühle ich mich manchmal in einen der beiden verwandelt. Wie in Kafkas Erzählung „Die Verwandlung", in der Gregor Samsa vom Menschen zum Ungeziefer mutiert. Die Kommunikation mit dem Umfeld wird für ihn immer schwieriger, die Familie hält ihn für untragbar, bis er schließlich zu Grunde geht.

Na bravo, schöne Aussichten. Na, Dann doch lieber Josef K.

Jemand mußte Josef K. verleumdet haben,
denn ohne daß er etwas Böses getan hätte,
wurde er eines Morgens verhaftet.

So lässt Franz Kafka seinen zur Weltliteratur gewordenen Roman „Der Proceß" in der Originalausgabe beginnen. Analog schießt mir meine eigene Geschichte in den Kopf. „Jemand musste Christian M. verleumdet haben, denn ohne ..."

Schluss jetzt, ich möchte gar nicht ans Ende denken, denn das von Josef K. ist auch kein gutes, so wie jenes seines Erschaffers. Franz Kafka erkrankte nach einem Blutsturz 1918 an der Spanischen Grippe, der letzten Pandemie vor Corona. Nach einigen Kuren starb er schließlich vierzigjährig in einem Sanatorium in Kierling bei Wien. Auch keine schönen Aussichten, aber immerhin habe ich den vierzigsten Geburtstag schon lange hinter mich gebracht.

Faxen und andere Faxen

Ich habe vor, noch lange zu leben. Also muss ich nolens volens mit dem Irrsinn eines dysfunktionalen Stadtstaates, die Amerikaner und meine Berliner Kunden und Freunde nennen es *Failed State*, umgehen. Ich versuche es mit Humor. Anders lässt sich das alles nicht ertragen, wie ein Beispiel aus meinem an Don Quijote gemahnenden Kampf gegen Berliner Bürokratie-Mühlen beweist.

Berliner Behörden, auch Amtsgerichte, sind am Beginn der digitalen Steinzeit stecken geblieben. Aber selbst althergebrachte Kommunikationsmittel wie das Festnetztelefon dienen offensichtlich nur der Zierde. In hundertfachen Versuchen ist es uns nicht gelungen, dass unter der angegebenen Nummer jemand abhebt. So brachte ich meine Eingaben persönlich zum Gericht, weil ich nicht wusste, ob meine Schreiben in einer Blackbox landeten.

Als ich die Richterin fragte, ob es nicht möglich sei, per E-Mail zu kommunizieren, antwortete sie mir im März 2021 lapidar:

„Nein, nein. So weit sind wir noch lange nicht."

Sie meinte es ernst. Im Dezember 2020 (!) hatte ich mir sicherheitshalber, fünfundzwanzig Jahre, nachdem ich mein letztes verschrottet hatte, ein Faxgerät angeschafft.

Unter den staunenden Augen meiner Mitarbeiterinnen und Mitarbeiter, alle zwischen fünfundzwanzig und vierzig Jahre alt, wurde es von einem Techniker in den besten Jahren installiert. Schließlich konnte sich eine Kollegin nicht halten.

„Was ist denn das?"

„Das ist ein Faxgerät. Hier steckt man ein beschriebenes Blatt Papier hinein, damit es am anderen Ende der Telefonleitung als Kopie wieder rauskommt. Ein technisches Wunderwerk aus dem letzten Jahrtausend. Ich habe das erworben, damit ich mit der Geschäftsstelle des Amtsgerichts in Berlin kommunizieren kann."

„Das ist aber nicht dein Ernst, oder?"

„Das ist leider mein Ernst ... Die Lage ist aussichtslos, aber nicht ernst, das weißt du ja."

„Sachen gibt's ..."

Also war ich wieder stolzer Besitzer eines Fax-Gerätes in Wien. Als erstes Fax schickte ich SOS-Hilferufe per Telefonleitung gen Norden. Allein, es antwortete selbst per Fax niemand. Bis ich nach acht Wochen endlich Post erhielt, per Brief, wie es vor hunderten Jahren auch schon üblich war. Dieser Brief hatte es in sich, war er doch so etwas wie ein Beschwerdebrief an mich.

Sehr geehrter Herr Dr. Moser,
da mehrere Faxversuche erfolglos waren, erhalten
Sie nunmehr das Schreiben per Post.

Mit freundlichen Grüßen
Urkundsbeamtin der Geschäftsstelle
Dieses Schreiben wurde elektronisch erstellt und ist
ohne Unterschrift gültig.

Dankenswerterweise hatte die Geschäftsstelle auch die gescheiterten Faxversuche, gründlich deutsch, dokumentiert und mir mitgeschickt. Vier Mal hatten die verzweifelten Bürokraten alles, aber auch wirklich alles unternommen, die äußerst wichtigen Dokumente via Telefonleitung über die deutsch-österreichische Grenze zu bugsieren. Allein, es wollte und wollte nicht gelingen, wie die gescheiterten Kommunikationsergebnisberichte beweisen. Sogar eine ausländische Vorwahl, jene von Österreich, hatte man eingegeben.

90043189...
43189...
43189...
043189...

Es war offensichtlich wie verhext. Verzweiflung musste sich unter den Gerichtsdienern breit gemacht haben. Möglicherweise hatte man sogar einen Arbeitskreis eingerichtet, doch egal, was man machte, es kam immer eine Fehlermeldung zurück. Also entsann man sich dessen, was seit vielen hunderten Jahren funktioniert. Der gute alte Brief. Der kam dann, mit zweimonatiger Verspätung, auch an. Sie können gerne versuchen, unter den vom Gericht gewählten Nummern durchzukommen. Sie werden scheitern.

Seit Menschengedenken hat jedes Land, weltweit, eine

Ländervorwahl. Ich verrate Ihnen gleich ein Geheimnis. Für Deutschland lautet sie 0049 (oder +49), für Österreich 0043 (oder +43). Das gilt für alle Telefonate, ob vom Festnetz oder mobil, genauso wie bei Faxgeräten. Gibt man allerdings zu wenige, zu viele oder falsche Zahlen ein, funktioniert die Kommunikation einfach nicht. Das habe ich dem Amtsgericht pflichtbewusst per Eilantrag auch mitgeteilt. Ich hatte mich in jungen Jahren einige Zeit mit dem Gedanken getragen, mein Leben der Entwicklungszusammenarbeit in Afrika oder Lateinamerika zu widmen. Jetzt, im hohen Alter, wurde ich doch noch Entwicklungshelfer. Deutschland hatte ich allerdings nie auf dem Schirm gehabt.

Vorab per Telefax: 0049189....

EILT

Sofort vorlegen!

Wien, 17. Februar 2021

Erreichbarkeit per Telefax

Aufgrund des Schreibens vom 11.02.2021 weisen wir Sie darauf hin, dass Ihre Fax-Nachrichten auch nicht durchgehen konnten, da entsprechend der beigefügten Kommunikationsberichte in allen Fällen unsere Telefaxnummer nur unvollständig eingegeben worden ist. In allen vier Fällen wurde die Ländervorwahl für Österreich falsch eingegeben. Die Sendeversuche mussten daher zwangsläufig fehlschlagen.

Wir erlauben uns (nochmals) auf unsere Faxnummer aufmerksam zu machen:
Vorwahl Österreich: 0043
Vorwahl Wien: 1
Nummer unseres Festnetzanschlusses: 89 ▮▮▮▮▮

Durchwahl Fax: 15

Somit: 0043 1 89 ▮▮▮▮▮

Mit freundlichen Grüßen,
Dr. Christian Moser

PS. Unter Ihrer „für Rückfragen" angeführten Telefonnummer ist seit Juli 2020 niemand erreichbar. Eine telefonische Kontaktaufnahme ist daher seit über einem halben Jahr (!) nicht möglich.

PPS. Wir weisen nochmals darauf hin, dass wir auch – wie im Briefkopf angeführt – telefonisch oder per E-Mail gerne und jederzeit erreichbar sind.

Geholfen hat es leider nichts, obwohl ich die Eingabe natürlich auch per eingeschriebenem Brief nach Berlin geschickt habe. Ich habe bis heute weder ein Fax noch einen Anruf erhalten. Der Kauf des Faxgerätes stellte sich als glatte Fehlinvestition heraus.

Grenzenlose PID- und Aha-Effekte

Wenn ich das obige oder ähnliche Beispiel erzähle, schallt es von meinem Gegenüber sehr oft „Das gibt's ja nicht!" entgegen. Diesen Effekt beobachte ich bei mir in letzter Zeit häufiger, die Corona-Pandemie und ihre absurden Folgen machen es möglich. Ich bezeichne ihn auch als PID-Effekt. Dies ist dann der Fall, wenn mindestens zwei der folgenden drei Ingredienzien zusammentreffen. Pallawatsch, Ignoranz und Dilettantismus. Meistens treten diese Eigenschaften aber sowieso im Rudel auf, wie im Falle der Gerichtsfaxe. In diesem Fall übermannt mich ein Feuerwerk an Gefühlen, die von körperlichen Schmerzen über Fassungslosigkeit bis Fremdschämen reichen. Leider tritt der PID-Effekt, zumindest in meinem Leben, in letzter Zeit fast täglich auch bei der Medienlektüre auf. Dann werde ich zum Affekttäter und zitiere fast immer den epochalen Spruch eines meiner Lieblingskabarettisten, Gerhard Polt:

„Luja, sog i!"

Er sagt das in seiner Sprache, die auch meine Sprache ist. Er ist deutscher Staatsbürger, ich bin österreichischer Staatsbürger. Er ist aber Oberbayer und damit haben wir eine gemeinsame Muttersprache, besser einen Mutterdialekt. Und damit wird es schon schwierig, wenn man diese Verballhornung ins Hochdeutsche übersetzt:

„Halleluja, sage ich!"

Es heißt zwar auch etwas, kann aber nicht den Gemütszustand von geborenen Schluchtenscheißern ausdrücken. „Luja, sog i!" kann nämlich die gesamte Faustische Gefühlspalette abbilden, von himmelhoch jauchzend bis zu Tode betrübt. Es kommt eben darauf an, wie man es meint oder wie man es verstehen will. Mit Religion hat es wenig zu tun.

Im Gegensatz zum PID-Effekt lässt dieses Phänomen Glückshormone explodieren. Der Aha-Effekt begegnet mir sehr oft, wenn ich mit Deutschen über Österreich und mit Österreichern über Deutsche spreche oder wenn ich einfach beobachte. Den Aha-Effekt haben interessanterweise Wissenschaftler der Med-Uni Wien vor kurzem entschlüsselt. Ein Geistesblitz setzt demnach im Gehirn das Glückshormon Dopamin frei, wodurch ein tief liegender Teil des Gehirns, der Nucleus accumbens, aktiviert wird. Solche „Aha-Erlebnisse" prägen sich im Gehirn ein, sind die Wiener Forscher überzeugt. Endlich kann ich mir vorstellen, wie es Wicki (dem gleichnamigen Hauptprotagonisten aus „Wicki und die starken Männer") ergangen sein muss, wenn er nach dem Reiben des unteren Teiles der Nase mit dem Zeigefinger plötzlich Sterne sah und

„Ich hab's!"

herausstieß! Dieser Moment der plötzlichen Erkenntnis und ekstatischen Freude überkam vor Jahrtausenden bereits einen in der Badewanne sitzenden Griechen namens Archimedes, als er „Heureka" brüllte. Ein solches Erlebnis, allerdings nicht in der Badewanne sitzend, widerfuhr mir in der österreichischen Botschaft zu Berlin.

Diplomatendeutsch

Mit meinem Achterl Grüner Veltliner in der Hand beobachte ich die Neuankömmlinge im Garten der österreichischen Botschaft zu Berlin-Tiergarten. Es war eine dieser Veranstaltungen, in der sich ein österreichisches Bundesland, diesmal war es Oberösterreich, in Deutschland vorstellte. Als ich so stehe, kommt ein mir bekannter hochrangiger Botschaftsangehöriger auf mich zu.

„Grüß Gott, Herr Doktor. Schön, dass Sie da sind. Wir haben heute allen Grund zu feiern."

„Oh mein Gott! Habe ich schon wieder einen der unzähligen österreichischen Feiertage übersehen? Was feiern wir denn heute?"

„Ach, ganz etwas anderes. Wir sind die Nummer eins."

Da haben wir ihn wieder, diesen österreichischen Größenwahnsinn, denke ich mir.

„Wir haben diese Woche vom Außenamt in Wien die Ergebnisse der weltweiten Kundenbefragung in Bezug auf Kundenzufriedenheit bekommen. Die Berliner Botschaft hat mit Abstand am besten abgeschnitten."

„Herzliche Gratulation! Zum Wohle! Wie kommt es denn dazu?"

„Na ja, wir waren anfänglich auch erstaunt, besonders ich. Ich habe ja schon auf fast allen Kontinenten Dienst getan. Und ich sage Ihnen ganz ehrlich, wir machen es hier auch nicht viel anders als anderswo. Nach langer Diskussion sind wir zu Conclusio gekommen, dass dies weniger an uns liegt, sondern an unseren Kunden und deren Erwartungshaltung."

„Klingt spannend. Jetzt bin ich aber wirklich neugierig."

„Na ja, das bleibt aber unter uns, denn es ist wenig diplomatisch, was ich Ihnen jetzt erzähle."

„Verschwiegenheit ist mein zweiter Vorname."

„Wir glauben, das hat eben sehr viel mit der Erwartungs- haltung zu tun. Die Österreicher, die hier leben, speziell in Berlin, rechnen mit dem Schlimmsten. Die haben sich an der preußischen Bürokratie dermaßen die Nase blutig geschlagen, dass die Latte, wenn sie von uns etwas brauchen, sehr, sehr niedrig liegt."

„Das kann ich nachvollziehen. Was hier in Berlin abgeht, war und ist echt ein Albtraum. Eine Anmeldung oder eine Kontoeröffnung ist eine Staatsaffäre, die Monate dauert."

„Ja, so geht es vielen. Die hängen in Dauerwarteschleifen, schreiben Briefe oder Faxe und wenn sie es dann endlich geschafft haben, werden sie auch noch angeschnauzt. Für uns ein Segen. Wir brauchen eigentlich nichts anderes zu machen, als so zu sein, wie wir sind, und machen unsere Kunden glücklich. Aber dass es so arg ist, ist mir auch erst jetzt klar geworden."

„Ja, ich, der ich vor der kakanischen Bürokratie geflüchtet bin, muss mittlerweile auch Abbitte leisten, seit ich mich hier mit Ordnungs-, Ausländer- und sonstigen Menschenfresserämtern auseinandersetzen muss. Das, was in Österreich abgeht, ist auf gut Wienerisch ein *Lercherlschas (übersetzt: nichts)* im Vergleich zu hier. Ich könnte ein Buch schreiben, vielleicht mache ich das auch einmal."

„Das wäre echt eine gute Idee. Es gibt nämlich doch ganz erhebliche Unterschiede, die man aufzeigen könnte."

„Sagen Sie, Herr Gesandter, ich habe da so eine Hypothese, mit der ich nach meinen Erfahrungen schwanger gehe, die da lautet: Wenn sich die Deutschen mit ihrer unfassbaren Bürokratie nicht selbst so im Wege stehen würden, dann könnte man eine Null an das Wirtschaftswachstum anhängen und Deutschland würde allen so richtig um die Ohren fahren."

„Hm, da könnten Sie recht haben. Aber sei's drum, zum Wohle, ich wünsche Ihnen noch einen lustigen Abend. Das heutige Buffet kann ich sehr empfehlen."

Unterm Schwanz reloaded

Wieder bestieg ich den ICE von Berlin nach Hannover, wieder kam ich unterm Schwanz zu stehen. Diesmal, um mich zu orientieren, hatte ich mir doch ein Zimmer direkt am Hauptbahnhof genommen. Ich wollte eigentlich nicht lange bleiben, nur über Nacht, am 14. Februar 2015 wollte ich den erstbesten Zug zurück nach Berlin nehmen.

In Hannover sollte mir eine große Ehre zuteilwerden und nicht nur das. Ich war von einem großen Wirtschaftskunden als VIP-Gast zum „Ball des Sports" geladen. „Oh mein Gott", dachte ich. „Jetzt bin ich Ballmuffel aus Wien geflüchtet und muss nun im hohen Norden zu Walzerklängen das Tanzbein schwingen." Ich hatte nicht mal etwas „Ordentliches" zum Anziehen. Also entschloss ich mich, nach Jahren wieder einmal einen Smoking zu kaufen. Ich fuhr alleine, hatte ich mich doch zwei Monate davor getrennt, war Single und eigentlich mit Frauen endgültig durch. Ich checkte im Hotel ein, warf mich in Schale und fuhr zum Kuppelsaal, wo die Gala stattfinden sollte. Wie aus dem Ei gepellt schritt ich nun zur Garderobe und traute meinen Augen nicht.

So overdressed hatte ich mich überhaupt noch nie gefühlt. Normalerweise ist bei mir das Gegenteil der Fall, nachdem ich mich im Alter von dreißig entschieden hatte, meine Anzüge und Krawatten aus meiner Garderobe zu verbannen und zu spenden. So defilierte ich in meinem taillierten Smoking aus dem schicken Berlin-Mitte durch die Gänge, beäugt von Jeansträgern in karierten Sakkos, Sack-Anzug-Bauch-

Tänzern mit bunten Krawatten, Damen im Minirock oder Schlabber-Look. Was ist denn das? Das soll ein Ball sein? Egal, Hauptsache, es gibt guten Wein und genug zu futtern. Also begab ich mich zu meinem VIP-Tisch, direkt an der Bühne.

Die versammelte Geschäftsführung war schon zugegen, wie immer ganz in ihrer Uniform. Schwarzer Anzug, weißes Hemd, dunkler Selbstbinder die Männer. Die Frauen im dunklen Kostüm. Ich war geschäftlich hier und ganz Geschäftsmann, also machte ich gute Miene zum bösen Spiel. Die Verköstigung sollte mir noch einiges an Kraft abverlangen, um mich mimisch nicht zu verraten.

Deutschland hat tatsächlich hervorragende Weißweine. Leider landeten selbige nicht auf unserem Tisch. Die kredenzten Pumpernickel mit Lachs und Wurst konnten das aufkommende Sodbrennen nur bedingt eindämmen. Was man nicht alles macht fürs Geschäft, dachte ich. Hauptsache, die Show wird gut, wurden traditionsgemäß doch die erfolgreichsten Sportlerinnen und Sportler Niedersachsens prämiert.

Aber selbst da war Schonkost angesagt. Nicht die mehr oder weniger erfolgreichen Fußballer von Hannover 96 oder Wolfsburg wurden auf die Bühne gebeten, sondern die Weltmeister im Faustball. Alle waren überrascht und starrten sich hilfesuchend an. Faustball? Da konnte ich mit meinem Viertelwissen glänzen, hatte ich doch vor langer Zeit einmal eine Doku über Faustball gesehen. Ja, erklärte ich, Weltmeister im Faustball klingt gut, die Welt der Faustballer und Faustballerinnen ist meines Wissens aber eher überschaubar, wird doch hauptsächlich nur in ein paar Regionen Deutschlands, Österreichs und der Schweiz diesem Sport gefrönt. Der Gewinner dieser Turniere ist dann Weltmeister. Diesmal waren es eben die Fäustler aus Niedersachsen. Dies war auch mir neu, glaubte ich doch bis zu diesem Tag, dass dieser Sport eher zur alpenländischen Folklore gehört. Man lernt eben nie aus.

Ansonsten machte ich das, was ich bei solchen Galas immer mache. Ich drifte in meine eigene Welt ab, nutze die Zeit zur Kontemplation. Der, den ich auf der Bühne am besten kannte, war der Moderator, Rudi Cerne. Als ehemaliger Eiskunstläufer und jetziger Sportmoderator war er natürlich prädestiniert dafür, aktive Sportler zu ehren. Aber in seinem „Nebenjob" sucht er als Moderator in „Aktenzeichen XY ... ungelöst" Betrüger, Hochstapler, Diebe und Mörder. Kindheitserinnerungen wurden wach.

Als Bub war für mich Egon Zimmermann jener Mann, bei dessen Anblick ich schon Angst bekam. Damals in meinem kleinen, aber feinen Kaff in den österreichischen Alpen. Mitten in Bergen und Schluchten. Als waschechter Schluchtenscheißer hat es mich erst viel später in die großen Städte verschlagen. Heimlich hatte ich damals die Sendung angeschaut, unheimlich war mir danach.

Jedes Knistern, jedes Geräusch ließ mir die Angst durch die Glieder fahren. Die Gehsteige waren aufgeklappt, keine Menschenseele bewegte sich über die nächtliche Dorfstraße. An Schlafen war nicht zu denken. Trotzdem konnte ich als Kind nicht davon lassen. Es war wie eine Droge und so liefen in meinem Kopf die Filmchen und Fahndungsfotos ab, bis der schier endlose Reigen der Ehrungen endlich ein Ende hatte. Es kann ja nur besser werden, dachte ich. Ich sollte recht behalten.

Eine glitzernde Erscheinung

Es durfte getanzt werden. Mir war nicht danach und so suchte ich die nächste Bar auf. Mir war nach Frust-Trinken, war das Ganze doch eher eine zähe Angelegenheit. Ich hatte den Spitzenkandidaten im Wahlkampf gecoacht, deshalb war ich in Hannover kein Unbekannter mehr. An den verschiedenen „Tränken" traf ich auf alte Bekannte, „Kriegsveteranen" sozusagen. Und so stießen wir auf die guten alten Zeiten an und erzählten uns mehr oder weniger lustige Anekdoten. Ich nenne es Wahlkämpferlatein, der große Bruder von Anglerlatein. Im Laufe der Zeit hatte ich die mangelnde feste Nahrung durch Promillehaltiges kompensiert und so schlenderte ich leichten Schrittes die verschiedenen Dancefloors ab. Mit einem klaren Vorsatz: Finger weg von den Frauen. Du hast schon genug Sch... an der Backe.

Da stehe ich nun am Rande der Tanzfläche und unterhalte mich mit meinen Gastgebern. Die reden immer noch über Bilanzen, Geschäftszahlen und sonstiges sprödes Zeug. In meinen Hüften beginnt es zu zucken. Ab einem gewissen Pegel schwinge auch ich das Tanzbein, Moser-Style. Einzigartig. Unnachahmlich. Während mich Gin und Tonic lockerer machen, sehe ich in meinem Augenwinkel etwas glitzern. Wow, denke ich! Was ist denn das! Es sind diese Augen, die den mit Pailletten bestickten Hosenanzug erblassen lassen. Und dieses alles überstrahlende Lächeln. Nein, Christian, du bist durch. Nicht einmal dran denken, befehle ich mir.

Also mache ich auf der Ferse kehrt, um nach draußen zu gehen. Eine Zigarettenpause zum Abkühlen ist angesagt. Sie lässt mich aber nicht los, ich muss zurück.

Siehe da, sie ist immer noch da. Und das ist kein Zufall, wie sich später herausstellt. Auch sie hatte so einen Wow-Effekt und wartete. Was folgt, ist schlichtweg nur Wahnsinn. Kaum ins Gespräch gekommen, sind wir schon weg. Ein Freund aus Wahlkampfzeiten und seine Frau fragen uns, ob wir nicht noch in die Stadt in einen kleinen Schuppen zum Tanzen mitkämen. Wir bejahen und haben eine wundervolle, berauschende Nacht in einem schrägen Etablissement. „Barkarole" heißt dieser magische Ort. Die frühere Schwulenbar ist ein Insidertipp. Man muss an der Tür klingeln, um eingelassen zu werden. Samt und Plüsch erinnern immer noch an ihre ursprüngliche Bestimmung. Damals, als es noch verboten war, sich gleichgeschlechtlich zu treffen oder gar gemeinsam Spaß zu haben.

Noch immer atmet die Kneipe diese Vergangenheit. Hinter dem langen Tresen hängen vergilbte Fotos aus längst vergangenen Partynächten. Das Publikum ist eine Mischung aus Homo- und Heterosexuellen, die nur trinken und tanzen wollen. Eigentlich passen wir in unserem Aufzug nicht wirklich hinein, und irgendwie doch. Wir sind vollkommen unvernünftig, lassen metaphorisch die Hüllen fallen und alle Scheu beiseite, schwingen wie besessen das Tanzbein und lassen uns einfach fallen. Und das zu deutschem Schlager. Ich denke mir nur: Ist der Ruf mal ruiniert, tanzt es sich recht ungeniert. „Leidenschaft ist das Gegenteil von Leiden!", brülle ich berauscht. Wir beide sind gebrannte Kinder, haben ziemlich leidensvolle Trennungen hinter uns. Aber all das ist in diesem Moment vergessen, all unsere guten Vorsätze sind über Bord geworfen. Wir springen herum wie Teenies, grölen die Schlagertexte von Udo Jürgens bis Roy Black auf der Tanzfläche. Schließlich wird Berliner Punk von den Ärzten uns endgültig zur Ekstase bringen. „Schrei nach Liebe" animiert uns an unserem ersten Abend, uns gegenseitig „Arschloch" ins Gesicht zu brüllen. Als wir uns in einer Tanzpause keuchend und schwitzend gegenüberstehen, meint Kiki:

„Stell dir vor, wir seien ein Paar und würden uns gegenseitig mit ‚Arschloch' anbrüllen. Schräger Gedanke, oder?"

Nun ja. Ab und an flüstern wir uns das zu besonderen Anlässen heute noch ins Ohr und lachen wie beim ersten Mal, in dieser Nacht der Nächte, die noch weit in den Tag hinein reichen sollte. Erst zu später Stunde des nächsten Tages wird mich Kiki zum Hauptbahnhof in Hannover bringen. Zum Abschied flüstert sie mir ins Ohr:

„Beim nächsten Mal treffen wir uns unterm Schwanz."

So düse ich nun im ICE nach Berlin und bin hellwach, obwohl ich keine Sekunde geschlafen und mich voll verausgabt habe. Wie hat sie das gemeint? Unterm Schwanz treffen klingt gut, aber das ist sicher wieder eines ihrer Bonmots, die mich so zum Lachen bringen. Ich hatte schon lange nichts mehr zum Lachen gehabt und schon lange nicht mehr so viel gelacht wie die letzten vierundzwanzig Stunden. Und überhaupt. Kiki ist doch Hannoveranerin und das Gegenteil von langweilig und humorbefreit. Fragen über Fragen.

„War das echt? Oder war das doch nur ein Traum?"
Tausende Gedanken schießen mir durch den Kopf,
aber auch durch den Bauch. Sind es Schmetterlinge
oder gar die Grönemeyer'schen Flugzeuge im Bauch?
Wie konnte aus einem anfangs langweiligen Abend
ein solches WOW werden? Das kann nicht sein. In
der stockfinsteren Nacht rasen an mir die Lichter der
Städte und Dörfer wie waagerechte Sternschnuppen
vorbei. Soll ich mir etwas wünschen? Darf ich mir
etwas wünschen? Ich starre hinaus und flüstere immer
wieder: „Das kann alles nicht wahr sein! Oder doch?"

Das Schluchtenscheißerl

Das dachten meine Verwandten wahrscheinlich auch, als ich kleines Schluchtenscheißerl mit 4100 Gramm das Licht der Welt erblickte. Ich wuchs in Puchberg am Schneeberg, in Niederösterreich gelegen, auf wie meine Mutter auch. Ihre Vorfahren stammen ebenfalls aus Puchberg am Schneeberg, in der Obersteiermark gelegen, damals vor dem Ersten Weltkrieg. Nach diesem Krieg wurden nicht nur die innereuropäischen Grenzen neu gezogen und Österreich verzwergt, sondern auch die innerösterreichischen. So trug es sich zu, dass das Rax-Schneeberg-Gebiet, also Teile der obersteirischen Alpen, Niederösterreich zugesprochen wurden. Was blieb, waren die Menschen und ihr obersteirischer Dialekt. Und der hat es in sich.

Ich wuchs also als echtes kleines Schluchtenscheißerl in einem Talkessel auf. Umringt von Bergen mit klingenden Namen wie Schneeberg, Buchberg, Himberg, Öhler, Schober, aber auch Hengst. Diese Berge waren meine Welt. Diese Berge waren mein Horizont. Wir sprachen, wie wir es hörten, „Puchbergerisch". Das ist wichtig zu betonen. Österreichische Dialekte sind äußerst kleinteilig. Es kommt nämlich auch darauf an, in welche Schlucht man scheißt.

Der echte Eingeborene erkennt sofort an der Sprache oder einzelnen Wörtern, wenn sich jemand aus dem fünf Kilometer entfernten Nachbartal verirrt hat. Die können eben nicht „Puachbergarisch" können, wie man sagt. Berge sind nicht nur natürliche, physische Grenzen, sondern auch Sprachgrenzen. Und so ist ein gängiger Satz, den man in österreichischen Bergregionen immer wieder hört, um sich von „den Fremden" abzugrenzen:

Was Gott durch einen Berg getrennt hat, soll der Mensch nicht zusammenführen.

Mit dem Fernsehen kamen meine Kinderohren erstmals mit einer anderen Fremdsprache, eben Hochdeutsch, in Berührung. In der Volksschule, wie die Grundschule in Österreich heißt, quälte sich mein Mund, erstmals hochdeutsche Brocken herauszuspucken. Wir lernten quasi eine Fremdsprache, die auch die offizielle Amtssprache war und ist. Für viele war das ein Alp(en)-traum. Einige Mitschüler schrieben in den ersten beiden Schuljahren die Worte so, wie sie sie aussprachen. Im Dialekt. Unsere Ohren waren ja sechs Jahre lang praktisch ausschließlich damit beschallt worden. Und dieser Sound ist für manche alles andere als wohlklingend. Er ist sehr rau, wie die Berge und das Klima. So kam es also, dass ich Schluchtenscheißerl im zarten Alter von zehn Jahren in das weit entfernte Mostviertel zu meinen Großeltern ausgesiedelt wurde. Mein Vater stammte von dort und hatte es nach Jahrzehnten harter Arbeit geschafft, von den eingeborenen Puchbergern als ein „Ihriger" akzeptiert zu werden. Ansonsten war früher mit Blutauffrischung nicht viel los im Tal. Jetzt musste ich weit fort, auf ein katholisches Stiftsgymnasium.

Mir fehlte mein Schneeberg, mir fehlten die Alpen, ist dieser Teil Österreichs, wohin ich verschoben wurde, doch nur von Hügeln durchzogen. Die Berge lassen sich nur ganz weit weg am Horizont erahnen. Ich, der früher Schi fahren als gehen konnte, fühlte mich fremd. Und noch viel schlimmer, ich wurde verlacht, meines Dialektes wegen. „Hör auf zu bellen! Du bist ja kein Hund!", schmetterten mir meine gleichaltrigen Kameraden in ihrer charmanten Art entgegen. Um aus diesem Eck herauszukommen, musste ich nolens volens neben Englisch, Französisch und Latein noch eine weitere Fremdsprache lernen: niederösterreichisches Oberösterreichisch mit Lokalkolorit.

Dabei war ich doch auf meine Sprache und meine Heimat so stolz gewesen. Jetzt musste ich mich assimilieren, damit mir diese Mostschädeln nicht den Schädel einschlugen. Ich fremdelte fürchterlich mit dieser besonders bigotten, katholischen Gegend Österreichs. Mein Heimweh war riesengroß. Daheim war es viel schöner, wie ich jedem erzählte. Ich erzählte auch, dass doch schon über die Jahrhunderte Prominente und weniger Prominente ihre Zelte für die Sommerfrische rund um den Schneeberg und die Rax aufgeschlagen hatten. Selbst die Kaiserfamilie verbrachte die Sommer da. Seine Majestät Kaiser Franz Joseph I. (Franzl) ließ zu Ehren seiner in Genf ermordeten Gattin Kaiserin Elisabeth (Sisi) auf dem Hochschneeberg auf 1.800 Metern Seehöhe sogar eine Kirche erbauen. Im Vorraum der Kaiserin-Elisabeth-Gedächtniskirche befindet sich ein Bronzemedaillon der Kaiserin. Vis-à-vis ist ein Vers des berühmten steirischen Dichters und Schriftstellers Peter Rosegger in den Marmor einer Tafel gehauen:

Sei mir gegrüßt, du schönes reines, auf einsamer Höhe erblühendes Edelweiß, erhaben trauerndes Sinnbild du der herrlichen Frau!

Neben Dichtern und berühmten Komponisten wie etwa Franz Schubert verirrten sich sogar große Denker in die raue, aber wunderschöne Gegend, und das nicht nur zur Sommerfrische. Der Lehrer meiner Großmutter hieß Ludwig Wittgenstein. Ja genau, *der* Wittgenstein. Nachdem er seinen „Tractacus logico-philosophicus" im Jahre 1921 niedergeschrieben hatte, zog es ihn in die Berge. Nun ja, mit logisch-philosophischen Abhandlungen konnte er die wilden Bergbauern- und Arbeiterkinder und deren Eltern nicht wirklich begeistern, um es vorsichtig zu formulieren. Für viele war Schule sowieso vergeudete Zeit, fehlten die Kinder doch im Stall, auf dem Feld und im Wald zum Holzfällen. So kam es, wie es kommen musste.

Der Wiener Wittgenstein zog nach zwei Jahren desillusioniert von dannen, zog sich in sein Haus in den norwegischen Fjorden zurück, um schließlich in Cambridge zu wirken und zu sterben. In Puchberg weinte man ihm keine Träne nach, galt er doch als depperter Wiener und „Narrischer". Von keinem oder keiner seiner Puchberger Schülerinnen und Schüler ist überliefert, dass die eine oder der andere mit der Liebe zur Philosophie oder anderer Kopfarbeit infiziert worden wäre. Zumindest nicht in erster Generation. Auch meine Großmutter vertraute lieber ihren Händen, brachte es zur Schneidermeisterin und baute sich einen kleinen Laden auf. Handarbeit sei wertvoll, das gilt heute noch. Wissen mache Kopfweh, das gilt heute vielfach auch noch.

So assimilierte ich mich also bei den Mostschädeln und bald kamen Fremde heran, die es noch schwerer hatten. Es waren Deutsche, Burschen mit starkem westdeutschem Akzent, Piefkes also. Das Gymnasium, in das ich gesteckt wurde, war so etwas wie eine „Kaderschmiede" und das auch für den Hochadel. Zu Burschen, die den Familiennamen Habsburg-Lothringen trugen, gesellten sich von Thurn und Taxis, von Auersperg, von Schwarzenberg und so weiter und so fort. Sie hatten es nicht leicht, bemühten sich doch alle, möglichst im Dialekt zu sprechen, damit sie sie nicht verstanden. Kinder, oder noch schlimmer pubertierende Jugendliche, sind grausame Wesen. So wurde die Sprache, in diesem Fall der Dialekt, zur Waffe der Ausgrenzung. Schlimmer geht immer, dachte ich. Gott sei Dank bin ich wenigstens kein Piefke.

Nach vier Jahren außerschulischer Sprachschule in der tief katholischen Provinz musste ich dringend weg von dort. Ich kam, sah und alles ging wieder von vorne los, diesmal in Wien. Meine zwei Dialekte, die ich mittlerweile akzentfrei sprach, wurden jetzt wieder als Waffe gegen mich eingesetzt. „G'scherter" schallte es mir entgegen, was nichts anderes als Provinzler oder gar geistig Minderbemittelter hieß. In meiner Klasse sprachen fast alle Hochdeutsch mit Wiener Akzent. Ich beherrschte obersteirisches Bellen und oberösterreichischen Singsang. Wenn ich Hochdeutsch sprach, war meine Nicht-Wiener Herkunft unüberhörbar. Ich war in allen drei Fällen ein Fremder, ein „G'scherter" eben.

Hilfe, ich bin ein Ossi!

Drei Monate nach meiner Geburt im April 1969 wurde es außerirdisch. Es ereignete sich das erste globale Fernsehereignis, die Mondlandung. Seit meiner Geburt ist aber auch auf Mutter Erde viel geschehen. So wurde etwa aus zwei Deutschlands ein Deutschland. Oder besser gesagt, die Bundesrepublik Deutschland hatte ab 1990 plötzlich sechzehn Bundesländer, wenn man das siebzehnte, Mallorca, nicht hinzuzählt. Ich wurde im „Westen" geboren.

Das neutrale Österreich ist Teil des Westens, wurde uns in der Schule eingetrichtert. Deshalb war es für einen „Westler" wie mich denklogisch, wo etwa Wien verortet ist. Im Westen natürlich. Ich weinte wie ein Schlosshund, als ich die Bilder aus Berlin mit den euphorisierten Menschen im Fernsehen sah. Ich war zutiefst bewegt und bin es heute noch. Das, obwohl ich damals als 20-Jähriger Berlin nur vom Hörensagen kannte. Doch war es mir sehr nah und ging mir sehr nah. Als die Tränen getrocknet waren und ich wieder klar denken konnte, kam für mich das böse Erwachen.

Der Mauerfall bzw. der Fall des Eisernen Vorhangs, wie man in Österreich dazu sagte, ließ meine mentalen Koordinaten implodieren. Jetzt rieb ich mir wieder die Augen, war doch meine neue Wirklichkeit eine geografische Grenzerfahrung. Ich war mehr als überrascht, dass selbst Dresden von Wien aus gesehen weit im Westen lag. Wie konnte das sein, lag die DDR für mich doch genauso meilenweit von mir im entfernten Osten wie die Tschechoslowakei?

Aber Prag lag und liegt eben nicht östlich, sondern westlich von Wien. Mir nichts, dir nichts hatte sich die Welt für mich von Osten nach Westen oder von Westen nach Osten gedreht, das ist Ansichtssache. Tatsache hingegen ist, dass Prag westlich von Wien und Dresden westlich von Prag liegt, nordwestlich, um präzise zu sein. Sachen gibt's, würde der Wiener sagen. Und so bin ich seit damals nicht mehr „Westeuropäer", sondern als Wiener Ossi-Ösi Mitteleuropäer, genauso wie die deutschen Ossis, auch wenn manche Wessis das noch nicht wirklich verinnerlicht haben.

Glattes Parkett

Ich fremdelte lange mit der Metropole an der Donau und das lag nicht nur an der Sprache. Damals, in den frühen 1980er-Jahren, war Wien alles andere als einladend. Alles grau in grau, die Menschen mürrisch und unfreundlich und irgendwie fühlte ich mich immer missverstanden und irgendwie auch im Ostblock. Das lag an meiner Mentalität, die jener der Wiener diametral entgegenstand. Während die wilden Bergvölker eher dazu neigen, dem Gegenüber mit dem Stellwagen ins Gesicht zu fahren, also klare Kante zu zeigen, ist es bei Wienern sehr oft andersrum.

Das Wiener Parkett ist glatt, lautet ein oft gebrauchter, aber wahrer Spruch. Man kann leicht ausrutschen, wenn man das Gesagte falsch versteht oder dechiffriert oder das Ungesagte falsch interpretiert. Dann fällt man auf die Pappen oder Goschen, wie man in Wien sagt, man fällt also auf die Schnauze. Ich habe mir die ersten Jahre des Öfteren Mund, Nase und andere Körperteile blutig geschlagen, weil ich eben nicht im Dreivierteltakt tanzen wollte. Irgendwann ließ ich mich darauf ein, auch wenn ich den Linkswalzer noch immer nicht tanze. Sogar einen gelernten Wiener hat man posthum „ausrutschen" lassen, ganz bösartig wienerisch. Niemand Geringerem als Karl Kraus hat man ein oft gebrauchtes Zitat in den Mund gelegt.

Was die Deutschen und die Österreicher trennt, ist ihre gemeinsame Sprache.

Kraus lebt mit diesem tausendfach bemühten Zitat gleichsam im kollektiven Gedächtnis fort – in Deutschland wie in Österreich. Das Ganze hat nur einen Haken: Der Spruch stammt definitiv nicht von ihm. Es ist ein Bonmot, das erst nach 1945 (also weit nach Kraus' Tod im Jahre 1936) quasi aus dem Nichts aufgetaucht ist. Oder wie der Wiener über die Entstehung sagen würde: Nix Genaues weiß man nicht! Eines weiß man aber, dass dieser Spruch seinen Ursprung in Österreich bzw. in Wien hat, was die österreichische und speziell die Wiener Seele beleuchtet, wie Dietmar Krug dazu in der Wiener Tageszeitung „Die Presse" am 18. November 2012 schreibt:

Kraus hatte ein geradezu religiöses Verhältnis zur Sprache. In ihr glaubte er die Heimat gefunden zu haben, die ihm, einem Juden böhmischer Herkunft, so oft verwehrt wurde. Dass ausgerechnet er als Kronzeuge für das Trennende der deutschen Sprache herhalten muss, ist eine zutiefst österreichische Pointe. Nicht zuletzt deshalb, weil diese kleine Bosheit kaum jemandem bewusst ist.

Nun sind es gerade die kleinen Bosheiten – ob zu Lebzeiten oder posthum –, die Österreich für Deutsche so liebenswürdig, gleichzeitig aber auch verstörend sein lassen. Der Hauptgeschäftsführer einer deutschen Handelsorganisation erzählte mir, dass er in seinen ersten Jahren in Wien in das eine oder andere Fettnäpfchen getreten war, weil er die Zwischentöne einfach nicht verstanden oder falsch gedeutet hatte. Er konnte es einfach nicht glauben, wo er doch Süddeutscher, ein Badenser, ist. Er war auch mit dem ORF-Fernseh- und Radioprogramm groß geworden und glaubte deshalb, Österreich-

Fachmann zu sein, bevor er nach Österreich kam. Er wurde eines Besseren belehrt. Genauso geht es vielen Österreicherinnen und Österreichern, die sich auch mal die Finger in der Bundesrepublik verbrennen. Denn je weiter die Geschäftswege gen Norden führen, umso klarer und deutlicher und eindeutiger wird die Sprache. Im hohen Norden, wo man „Moin" oder gar „Moin, moin" statt „Grüß Gott" sagt, wird „klare Kante", also Klartext gesprochen, ohne Weichspüler. In der deutschen Hauptstadt ist die „Berliner Schnauze" die Sprachwaffe, die manchem Österreicher oder mancher Österreicherin kalte Schauer über den Rücken laufen lässt. Sehr oft werden sprachliche oder kulturelle Besonderheiten in beiden Richtungen fehlinterpretiert und führen zu Dissonanzen. Im schlimmsten Falle scheitern Geschäfte, Freundschaften oder Beziehungen.

Das muss aber nicht sein. Eines haben etwa Wirtschaft und Kommunikation gemein: In beiden bestimmt die Psychologie Handlungen, aber auch Verhandlungen. Um eine psychologische Binsenweisheit zu bedienen: Das Bedürfnis bestimmt das Handeln. Wie aber, wenn man die Bedürfnisse des Gegenübers falsch interpretiert, gerade weil man sich der gemeinsamen Sprache bedient? Oftmals hat ein und derselbe Ausdruck eine vollkommen andere Konnotation oder Bedeutung.

Nehmen wir mal den Begriff Sozialpartnerschaft. Wenn ich diesen Begriff einem deutschen Kunden nenne, sagt dieser: Ja, kenne ich. Dann muss ich ihm sagen: Ja, Sie kennen den Begriff, aber nicht die Bedeutung in Österreich. Erklärt man nämlich einem Deutschen die wahre Macht (formal wie informell) der österreichischen

Sozialpartnerschaft als Nebenregierung, ist er von den Socken. Das gilt in die andere Richtung genauso.

Ähnlich wie bei der Sprache ist es bei Gesetzen. Viele sind sehr ähnlich, aber eben nur ähnlich. Die Nuancen machen den Unterschied, der den Unterschied macht, wie der berühmte Kybernetiker Gregory Bateson es formulieren würde. Ich meine, sehr oft kommt es auf das Wissen um die kleinen Unterschiede an, die zwischen Erfolg und Misserfolg entscheiden. Ja, auch ich habe mir anfänglich ordentlich die Finger verbrannt. Vor allem hatte ich unterschätzt, wie mich ein im digitalen Steinzeitalter verharrendes Bürokratiemonster an den Rand des Nervenzusammenbruchs bringen würde. Aber ich musste lernen, geduldig zu sein und mich nicht vom Weg abbringen zu lassen, auch wenn er noch so steil ist.

Austrian Höhenangst

Den 3. Dezember 2011 werde ich genauso wenig vergessen wie den 14. Februar 2015 in Hannover. Der Unterschied waren etwa zehntausend Höhenmeter. Ich saß in einem Flugzeug. Ich hatte Angst. Ich hatte Austrian Angst vor dem, was ich mir eingebrockt hatte. Schuld daran war auch damals eine Deutsche. Schon im Flieger war mir mulmig. Das hatte auch mit der Destination zu tun, Innsbruck. Einer der am schwierigsten zu befliegenden Flughäfen, berühmt-berüchtigt für seine unberechenbaren Fallwinde. Und so ruckelte die Maschine die Nordkette entlang Richtung Landebahn. Ich habe keine Flugangst, umso mehr fürchtete ich mich vor dem, was da noch kommen sollte.

„Ich Volldepp, was mache ich da?", zischte ich unentwegt vor mich hin. „Du hast ja wirklich nicht mehr alle Tassen im Schrank! Hoffentlich schlägt das Wetter um und ich komme nicht rauf." Diese und ähnliche Gedanken kamen mir in den Sinn, bis mich in der Empfangshalle eine tiefe Männerstimme in die Realität zurückholte.

„Willkommen, Herr Dr. Moser. Ich hoffe, Ihr Flug war angenehm. Das Wetter am Arlberg hat sich Gott sei Dank verbessert. Wir freuen uns schon alle auf Ihren Vortrag."

Ich hatte in einer schwachen Sekunde Ja gesagt. Susanne war hoch erfreut. Sie war Präsidentin des Verbandes der Auslandspresse in Wien und wir kannten und schätzten einander schon aus meiner Journalistenzeit.

80

„Dir fällt sicher etwas Kreatives ein. Ich bin sicher, du rockst es."

Es ist so ziemlich die undankbarste Aufgabe, die man sich eintreten kann. Mir wurde die Ehre zuteil, den Prolog des traditionellen Diskussionsabends des Europäischen Mediengipfels am Arlberg zu halten. So weit, so ehrenvoll. Es ist nur so, dass das Publikum so ziemlich das skeptischste, schwierigste und kritischste ist, das man sich vorstellen kann. Journalisten, Wissenschaftler, Intellektuelle und Politiker. Das „Who is Who" der Besserwisser und Weltversteher, die meisten davon ziemlich unbarmherzig. Und genau denen sollte ich kleines Wiener Würstchen nun erläutern, wie es mit Europa weitergehen soll. Oder schlichtweg die einfache Frage beantworten, die zugleich der Titel der Veranstaltung war: „Ende oder Wende – zerbricht Europa?"

Es lag mir lange im Magen, es gab aber kein Zurück mehr. Und so verdrängte ich es, bis es nicht mehr ging. Der Termin rückte näher und näher. Eine Idee musste her und ich besann mich meiner Kindheit. Ich muss ins Märchenland, um der Realität zu entfliehen. Märchen? Hallo? Gar keine schlechte Idee. Und so machte ich mich ans Werk und schrieb das „Märchen vom vereinten Europa". Ich ließ ein riesiges, dickes Buch binden. So saß ich nun mit meinem überdimensionalen Märchenbuch im Taxi, das mich Richtung Arlberg fuhr und mit mir die Serpentinen nach Lech hinaufkletterte. Im Hotel Post wurde ich von Susanne herzlich mit den Worten empfangen: „Hallo Christian, schön, dass du da bist. Alle sind schon sehr auf deinen Prolog gespannt." Während ich sie zweimal auf die Wangen küsste, rutschte mir ein „Ich auch" heraus.

„Na super, dann können wir ja gleich aufbrechen. Die Seilbahn fährt heute extra den ganzen Abend für uns."

Das hatte ich auch irgendwie verdrängt. Das Ganze fand auf 2.350 Metern Höhe statt, im Bergrestaurant auf dem Rüfikopf. Wie viele tausende Male bin ich schon in einer Gondel gesessen, gestanden, bei Sturm und Schneegestöber. Als Schirennläufer, als Schilehrer oder als ganz normaler Schigast. Selbst die Gondeln dieser Seilbahn kannte ich von einem Schiurlaub, der noch gar nicht so lange her war.

Aber diesmal war es anders, es war gar nichts normal. Mir ging der Arsch auf Grundeis und ich hoffte, niemals oben ankommen zu müssen. Mein Wunsch ging nicht in Erfüllung. Ich sagte mir jenen Spruch mantraartig vor, den ich normalerweise meinen Kunden vorbete: „Zu Tode gefürchtet ist auch gestorben." Als es kein Entrinnen mehr gab, feuerte ich mich an: „Oida, du bist ein Schluchtenscheißer und kein Hosenscheißer. Geh raus und scheiß' dich nicht an!"

So saß ich nun mit meinem fetten Märchenbuch im Scheinwerferlicht und rezitierte meine Gedanken, die ich zu Papier gebracht hatte. Und welch Wunder! Ich wurde wider Erwarten weder geteert noch gefedert, im Gegenteil, ich wurde mit kräftigem Applaus bedacht. Und nicht nur das. Ich wurde von einigen intellektuellen Säulenheiligen sogar beglückwünscht. Pfuh, das war noch mal gut gegangen, dachte ich. Auch das Presseecho ließ mich tief durchatmen.

Die Diskussion am Rüfikopf markiert den traditionellen Höhepunkt des Mediengipfels am Arlberg ... Am Podium

fand sich eine ebenso hochkarätige wie internationale
Runde namhafter Experten ein. Zum Auftakt bot Christian
Moser einen unkonventionellen Prolog in Märchenform
dar, der Europas Werdegang vom römischen Imperium
bis in die Moderne auf kurzweilige und pointierte Weise
skizzierte. Im Folgenden kam die Leichtigkeit jedoch ab-
handen, als die schwere Krise, in der sich das vereinte
Europa derzeit befindet, thematisiert wurde.

Nun ja, einen Ausweg aus der Krise Europas haben wir damals
– trotz mancher geistiger Höhenflüge – nicht gefunden.
Wir waren uns aber einig, dass Deutschland, im Speziellen
Angela Merkel, der Motor für Europa sein müsse. Zehn Jahre
später ist mit Ursula von der Leyen eine Merkelianerin EU-
Kommissionspräsidentin. Großbritannien hat „Bye-bye,
Europe" gesagt und Angela Merkel fristet als lahme Ente
ihre letzten Amtsmonate und hat größte Schwierigkeiten, in
der Corona-Krise ihre 16 Ministerpräsidentinnen-Schäfchen
unter einen Hut zu kriegen. In meiner eigenen Planlosigkeit
suche ich bei einem anderen großen Deutschen Orientierung.
Es kommen mir die Worte Goethes in den Sinn, die er Doktor
Faust in den Mund gelegt hat.

Da steh' ich nun, ich armer Tor,
Und bin so klug als wie zuvor!
Heiße Magister, heiße Doktor gar,
Und ziehe schon an die zehen Jahr´
Herauf, herab und quer und krumm
Meine Schüler an der Nase herum –
Und sehe, daß wir nichts wissen können!

Johann Wolfgang von Goethe hat es also damals schon
gewusst, dass wir nichts wissen können.

Dialektische Bargespräche

Zurück in Lech wurde bei Wein am runden Stammtisch heftig weiterdiskutiert. Eine illustre Runde von Hans Magnus Enzensberger und Robert Menasse bis zum ehemaligen EU-Kommissar Franz Fischler machte sich über die Identität und Zukunft Europas Gedanken. Ich mittendrin, bis tief in die Nacht hinein. Übrig blieben wie immer die Journalisten und ich, der Ex-Journalist. Aber wie heißt es so schön; einmal Journalist, immer Journalist – zumindest was das Trinken betrifft.

So saßen zum Schluss Deutsche, Österreicher und Schweizer und philosophierten über Identität, aber auch über Gott und die Welt. Zum Schluss waren wir zu viert, plus dem sehr netten Kellner, der penibel darauf achtete, dass unsere Gläser niemals leer wurden. Der Wein floss, die Zeit verrann. Der Promillepegel stieg und irgendwann landeten alle in ihren Muttersprachen. Von Schwyzerdütsch, Oberbayrisch, Südburgenländisch bis zu meinem nicht zuordenbaren gelallten Kauderwelsch, wie ich dachte. Immer unter Beobachtung des Obers, der unseren mehr oder weniger hochgeistigen Ausführungen folgte, bis er aus seiner sicheren Deckung hinter der Bar hervortrat und auf mich zukam.

„Entschuldigung, darf ich Sie etwas fragen?"

„Gerne."

„Ich höre Ihnen seit Stunden zu und frage mich, ob Sie aus der gleichen Gegend kommen wie ich."

„Woher kommen Sie?"

„Aus Niederösterreich, dem Mostviertel. Aber eben aus einem speziellen Teil des Mostviertels, nahe der oberösterreichischen Grenze. Und wir sprechen da einen ganz besonderen Dialekt und verwenden Wörter, die nur dort gebraucht werden."

Ich runzelte die Stirn und sah ihn neugierig an, als er fortfuhr.

„Haben Sie etwas mit St. Peter, Biberbach oder Seitenstetten zu tun?"

Volltreffer. Er nennt drei Orte irgendwo im Nirgendwo in Österreich, die zusammen etwa 10.000 Einwohner haben und geografisch auf ein Taschentuch passen. So sagen es übrigens die Spanier. *El mundo es un pañuelo*, die Welt ist ein Taschentuch. Ich war sprachlos, bis mir ein „Das gibt's ja nicht, die Welt ist wirklich ein Dorf!" herausrutschte.

„Meine Großeltern haben in Seitenstetten gelebt und sind dort auch begraben. Ich habe im Alter von 10 bis 14 Jahren bei ihnen gelebt und bin in Seitenstetten zur Schule gegangen. Ich war aber seit 20 Jahre nicht mehr dort."

„Das merkt man aber überhaupt nicht. Sie sprechen den Dialekt perfekt."

„Darauf müssen wir einen trinken."

Und so stießen wir an und der Kellner erzählte mir, was sich in meiner Abwesenheit in Seitenstetten so alles zugetragen hat. Na ja, versäumt hatte ich nicht wirklich viel. Aber ich hatte eine Erkenntnis. Ab einem gewissen Promillepegel krame ich aus den Tiefen meines Unterbewusstseins offensichtlich jenen Dialekt hervor, mit dem ich am wenigsten gerechnet hatte, ist doch mein „Mutterdialekt" ein ganz anderer.

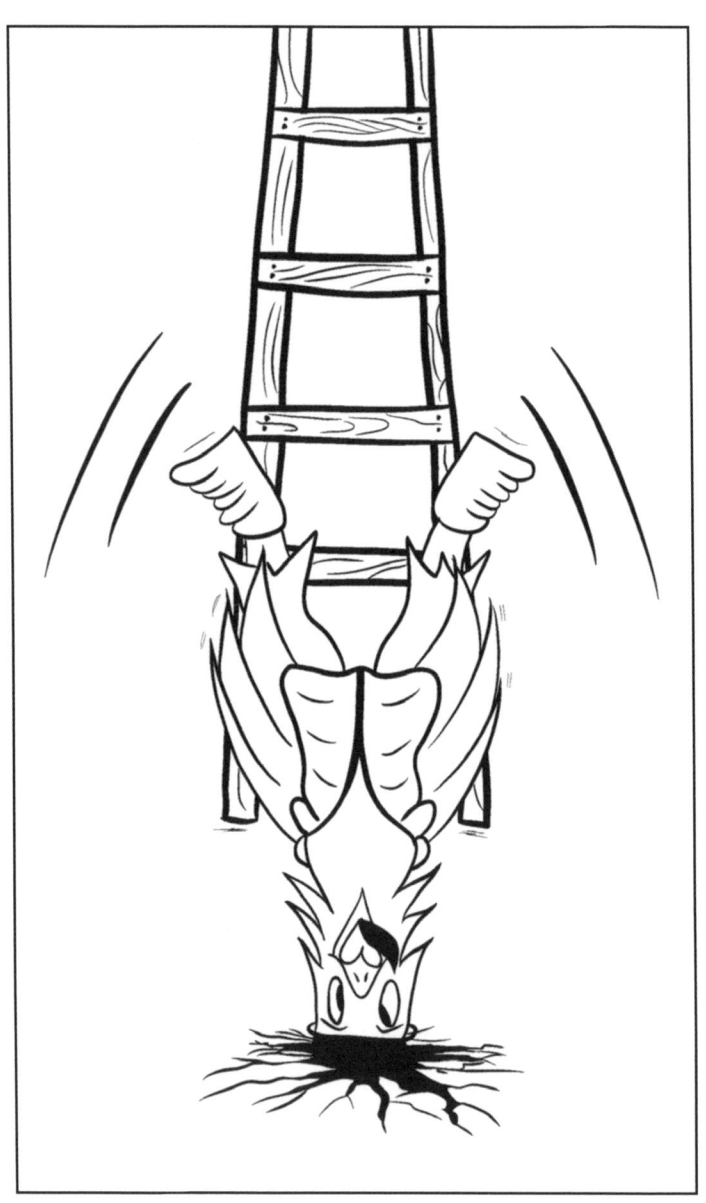

Bischt a Tiroler, bischt a Mensch

Mit einem dicken Brummschädel ging es am nächsten Tag talwärts. Im Tal hatte ich nicht nur eine innerösterreichische Landesgrenze zwischen Vorarlberg und Tirol, sondern auch eine Sprachgrenze überquert. Jene zwischen Alemannisch und Bayrisch-Österreichisch. Zwischen Lech und St. Anton liegen Sprachwelten. St. Anton ist aber auch der Geburtsort einer Geschichte, die auch sehr viel mit Sprache und Identität zu tun hat. Meine Ex-Schwiegereltern hatten sich hier kennen und lieben gelernt. Er, der Wiener Student, verdiente sich als Schilehrer sein Geld. Sie, die reiche amerikanische Studentin, war zu Besuch bei ihren Verwandten. Christinas Vater war hier in St. Anton als eines von dreizehn Kindern geboren worden. Jetzt besuchte sie ihr Dutzend Tanten und Onkeln und ihre viele Dutzend Cousinen und Cousins. Ihr Vater hatte 1938, kurz vor dem „Anschluss" Österreichs an Nazideutschland, eine Entscheidung getroffen. Er mochte mit dem „Nazi-Pack" nichts zu tun haben. Gemeinsam mit einigen anderen befreundeten Abenteurern kaperte er das nächste Schiff Richtung Australien. Dort hatten österreichische, Schweizer und deutsche Schilehrer in den Snow Mountains damit begonnen, ein Schiresort zu gründen. Nach einem Jahr Australien zog es ihn nach Kalifornien, um das Gleiche auch dort zu tun.

Mit dem Eintritt der USA in den Zweiten Weltkrieg war für ihn und die anderen Österreicher und Deutschen

Schluss mit der Gaudi in den USA. Sie galten als verdächtig und mussten beweisen, dass sie keine Nazis waren. Das konnten sie nur tun, indem sie für die USA in den Krieg gegen Nazi-Deutschland zogen. Und so kam Friedel Pfeiffer nach vielen Jahren über Italien in US-amerikanischer Uniform in seinen Geburtsort St. Anton zurück. Für die einen als Befreier, für die anderen als Verräter.

Es ging zurück nach Kalifornien, wo es den Abenteurer nicht lange hielt, dort herrschte ihm schon zu viel Wirbel. Die Berge Colorados galt es damals noch zu erforschen. So kamen er und seine Freunde an einem schon ziemlich heruntergekommenen Dorf namens Aspen vorbei und die österreichisch-deutsche Männerrunde dachte sich: Da kann man etwas draus machen. Der Rest ist Geschichte. Friedel & Co erschlossen die Bergwelt für den Schitourismus, lockten das „Who is Who" Hollywoods in die traumhafte Berglandschaft, erfüllten sich den *American dream* und wurden Millionäre. Im Alter entschloss er sich, „back to the roots" zu gehen, nicht zurück zum Arlberg, der sich ja auch zum Schigebiet der Reichen und Schönen entwickelt hatte, sondern nach Montana, gelegen *in the middle of nowhere*. Hier kaufte er sich eine Ranch, um seine letzten Lebensjahre mit wenigen Menschen und vielen Bergen zu verbringen.

Der Selfmade-Millionär wollte auch sonst alles selbst machen, auch um Kosten zu sparen. Selbst vor anstehenden Dachreparaturen schreckte der knapp Achtzigjährige nicht zurück. Da geschah es. Er rutschte von der Leiter, fiel mit dem Kopf auf den Beton und ins Koma. Als er Tage später im Krankenhaus erwachte, redete er mit Händen und Füßen auf die Pflegerinnen und Ärztinnen ein.

„Wo bin i denn do? Wer bischt'n du? Fixteifl no amol, wos schaugts eis lei olle so deppat?!"

Es herrschte betretenes Schweigen und Ratlosigkeit am Krankenbett. Niemand konnte die Knack-, Zisch- und sonstigen Laute, die aus seinem Munde drangen, verstehen. Erst eine deutsche Emigrantin erkannte das eine oder andere deutsch klingende Wort. Sie erkannte aber auch, dass sie diesem sehr speziellen Dialekt nicht gewachsen war. Auch seine eigenen Kinder, die mehr recht als schlecht Deutsch verstanden und noch weniger sprachen, mussten passen. Bis auf eine: Christina, die nach ihrer Zeit in Österreich und Spanien ihre Zelte in Los Angeles aufgeschlagen hatte.

Der Aufschlag mit dem Tiroler Sturschädel auf dem harten Beton der Realität hatte Friedel die Sprache verschlagen. Interessanterweise aber nur die englische Sprache, die dafür zur Gänze. Das Tirolerische hingegen lief ihm flüssig über die Lippen. So war es an Christina zu dolmetschen. Sie war nach ihrer Zeit in Wien nicht nur der deutschen Sprache mächtig geworden, sie verstand auch österreichischen Dialekt, des Vaters Muttersprache.

So lag es an ihr, ihren erlernten Job als Dolmetscherin für Englisch, Französisch, Spanisch und Deutsch gegen ihren neuen Job Simultanübersetzung Tirolerisch–amerikanisches Englisch zu tauschen. Mit ihrer Hilfe gelang es Friedel, der davor Deutsch mit amerikanischem Akzent gesprochen hatte, sich Schritt für Schritt wieder in seiner neuen Heimat zu verständigen, auf Englisch mit starkem Tiroler Akzent. Er sprach dieses Tyrolian-American-Englisch neben Tirolerisch bis zu seinem Tod.

Es kann mit der Muttersprache auch in eine ganz andere Richtung gehen. Dies beschreibt eine Geschichte, die mir einige Jahre später ein Topmanager während eines Profiling-Prozesses erzählt hat: die Geschichte seines Vaters. Dieser war sein Leben lang Buchhalter. Was für ein langweiliges Leben, im Gegensatz zu Friedel Pfeiffer, denkt man da. Und irrt. Denn alles begann in Riga. Seine Mutter hatte im Zweiten Weltkrieg einen Wehrmachtssoldaten geheiratet, um den deutschen Pass zu bekommen. Sie bekam zwei Kinder. Als der Deutsche im Krieg für tot erklärt wurde, ehelichte sie einen Skandinavier.

Sie entschied sich, mit ihrem Sohn und ihrer Tochter nach Deutschland zu gehen, ohne diese in ihr Vorhaben einzuweihen. Der Sohn war damals sechzehn und verstand die Welt nicht mehr. Er, der Lette, der kein Wort Deutsch sprach, musste sich plötzlich wieder hinten anstellen. Ein traumatisches Erlebnis für den Pubertierenden, das er seiner Mutter übel nahm. So fällte er eine weitreichende Entscheidung. Für ihn gibt es nur noch die Zukunft und die ist deutsch. Die Vergangenheit wird er komplett hinter sich lassen.

Er büffelte Deutsch so diszipliniert, dass er binnen kürzester Zeit der deutschen Sprache mächtig war und heute vollkommen akzentfrei Deutsch spricht. Lettland und Lettisch ließ er hinter sich, für immer. Das ging so weit, das er sich bis heute weigert, seine Muttersprache Lettisch zu sprechen. Wenn Verwandtschaft aus Riga zu Besuch kommt, sprechen diese Lettisch, er ausschließlich Russisch. Er hatte sich entschieden, seine Muttersprache ad acta zu legen und deutsch zu sein.

Fast um die Ecke von Riga war die Heimat des größten deutschen Philosophen.

Was kann ich wissen? Was soll ich tun?
Was ist der Mensch? Was darf ich hoffen?

Aus diesen vier Fragen hat Immanuel Kant seine Philosophie der Aufklärung in Königsberg, der damaligen ostpreußischen Exklave und heutigen russischen Exklave Kaliningrad, geschrieben. Vielleicht sind auch dem Vater diese Fragen durch den Kopf gegangen, ergänzt durch die Fragen: Wer bin ich und wer will ich sein? Kant hat übrigens seine deutsche Heimat Königsberg nie verlassen. Er hat auf Deutsch gedacht, gesprochen und geschrieben, und das bis an sein Lebensende, in Königsberg. Der Vater meines Kunden hat seine baltische Heimat hinter sich gelassen, um fortan auf Deutsch zu denken, zu sprechen und zu schreiben, bis an sein Lebensende, in Düsseldorf.

Hass-Liebes-Hymnen

Die deutsche Hymne und ich haben eines gemein. Wir beide sind „Made in Austria". Ich bin in Österreich gezeugt, als Österreicher geboren, aufgewachsen und sozialisiert. Mein Vater und meine Mutter wurden zwar auch im heutigen Österreich gezeugt und geboren, allerdings in den Jahren 1940 und 1942 als reichsdeutsche Bürger in der Ostmark. Ihre Eltern, meine Großeltern, wurden ebenfalls alle in Österreich geboren, hatten in ihrem Leben allesamt vier verschiedene Staatsbürgerschaften. Geboren als Bürger der k. u. k. Monarchie, wurden sie in jungen Jahren Staatsbürger der Republik Deutschösterreich (so hieß die Erste Republik von 1918 bis 1938), wurden freudig oder gezwungenermaßen Bürger des Deutschen Reiches (auch in meiner Familie gab es Nazis und Nazi-Hasser), bis sie schließlich 1945 mehr oder weniger erfreut Staatsbürger der Republik Österreich wurden.

Meine geliebte Tante Kathi war eine, die sich freute. Die Schwester meines Großvaters war der herzlichste, weiseste und gütigste Mensch, den man sich vorstellen kann. Sie war aber gleichzeitig eine starke Frau, eine Rebellin. Ihren unehelichen Sohn zog sie alleine auf, um ihn vor Stalingrad zu verlieren. Sie war Putzfrau bei der Bahn. Mit harter Arbeit schaffte sie es, sich ein Häuschen mit Gärtchen zu schaffen, das sie zuletzt in „wilder Ehe" mit Onkel Hans und ihren dreißig Hasen bewohnte. Sie war stolze Sozialdemokratin und als

Rote das schwarze Schaf in einer katholischen Familie. Trotz vieler Entbehrungen blieb sie bis zu ihrem Tod dankbar und immer optimistisch. Mir war sie Mutter.

Meine Vorfahren mussten sogar mehrmals neue Staatshymnen lernen. „Land der Berge, Land am Strome ...“ singen die Österreicherinnen und Österreicher erst seit gut fünfundsiebzig Jahren zur weltweit langweiligsten Hymne, wie nicht nur ich meine. Gerade weil die österreichische Bundeshymne so fad ist, hat sich Rainhard Fendrichs Lied „I am from Austria“ fast als eine „Ersatzhymne“ durchgesetzt, die von vielen in österreichischem Dialekt (der ja genau genommen ein bayrischer ist oder umgekehrt) mit Inbrunst geträllert wird.

Dei hohe Zeit is lang vorüber
Und a die Höll' hast hinter dir
Von Ruhm und Glanz is wenig über
Sag ma, wer ziagt no den Huat vur dia außer mir ...

Das mit dem Ruhm und Glanz ist schon ein Weilchen her und auch Österreich hatte mal eine weniger fade Hymne. Das hat viel mit deutsch-österreichischer Geschichte und Gegenwart zu tun, die, heute wie damals, durchaus schräg ist. Kaiser Franz II. beauftragte Joseph Haydn, eine Kaiserhymne zu komponieren, was dieser 1797 auch tat. Die Melodie der österreichischen Kaiserhymnen, auch Volkshymnen genannt, blieb bis 1918 gleich, ganz im Gegensatz zum Text. Aber selbst Franz II. blieb nicht Franz II., denn er starb als Franz I. Als Franz II. war er der Letzte, als Franz I. war er der Erste.

Das ist kein Schmäh. Franz II. war der letzte Kaiser des Heiligen Römischen Reiches deutscher Nation. Er administrierte dieses Riesenreich von Wien aus, wie viele seine Vorgänger auch. Von den deutschen Fürsten gewählt, von Gott auserwählt. Die Fürsten entzogen ihm aber 1806 blöderweise das Mandat. 844 Jahre heiligen römischen Kaisertums auf „deutschem Boden" fanden somit ihr Ende. Gott hielt ihm aber die Treue. Seine Abdankung als deutscher Kaiser vorhersehend, gründete er im Namen Gottes bereits 1804 das Kaisertum Österreich als Kaiser Franz I. So war er für zwei Jahre Erster und Zweiter zugleich, als Franz II. und Franz I. in Personalunion.

Zu seiner Beerdigung wurde zur Melodie Joseph Haydns letztmalig „Gott erhalte Franz, den Kaiser" intoniert. Danach änderte sich der Text bei jedem Thronwechsel. Dies hatte damit zu tun, dass der Kaiser, zumindest in vorkonstitutioneller Zeit, nicht nur Staatsoberhaupt war, wie Kaiser und Könige anderer Herrscherhäuser auch – nein, er verkörperte den Staat selbst, weil er von Gott eingesetzt wurde. Kaiser von Gottes Gnaden also. So weit, so größenwahnsinnig. Da aber selbst österreichische Kaiser sterblich waren, musste bei jedem Ableben einer kaiserlichen Hoheit nicht nur ein neuer Kaiser, sondern auch ein neuer Text her.

Das mit dem Text von Hymnen ist so eine Sache. Die Spanier etwa haben gar keinen, im auseinanderstrebenden Vielvölkerstaat auf der iberischen Halbinsel will man kein Öl ins Feuer gießen. Die Bundesdeutschen hingegen singen zu „ihrem" Deutschlandlied folgende Strophe:

Einigkeit und Recht und Freiheit
Für das deutsche Vaterland!
Danach lasst uns alle streben
Brüderlich mit Herz und Hand!
Einigkeit und Recht und Freiheit
Sind des Glückes Unterpfand –
Blüh im Glanze dieses Glückes
Blühe, deutsches Vaterland.

Es ist die dritte Strophe eines Gedichts, das August Heinrich Hoffmann von Fallersleben auf Helgoland, inmitten der Nordsee, zu Papier gebracht hatte. Er schuf übrigens sein Werk ausdrücklich zur Melodie des älteren Liedes von Joseph Haydn „Gott erhalte, Franz den Kaiser" ... Großdeutsch denkend, schuf der Dichter die Strophen für den gesamten deutschsprachigen Raum. Dieser umfasste das ostpreußische Königsberg, das heutige russische Kaliningrad, genauso wie das Südtiroler Meran im heutigen Italien.

Hallo, geht's noch? Helgoland und Wien, da liegen jetzt aber wirklich viele See- und Landmeilen, wenn nicht Welten dazwischen. Außerdem war Helgoland damals britisch, auch das noch! Und dann noch die Melodie der Kaiserhymne klauen! Impertinent! Erst der vorletzte österreichische Kaiser, Franz Joseph I., dekretierte übrigens, dass es eine österreichische Hymne geben sollte, deren Text gleich bleibt, unabhängig vom Regenten.

Gott erhalte, Gott beschütze unsern Kaiser,
unser Land! Mächtig durch des Glaubens Stütze
führ' er uns mit weiser Hand! ...

A schene Leich

Ein göttliches Bild, selbstverständlich bei Kaiserwetter, bot sich im Jahr 2011 im Stephansdom zu Wien. Zu den „kaiserlichen" Begräbnisfeierlichkeiten (auf Wienerisch: Leich) von Otto Habsburg-Lothringen war der gesamte europäische Hochadel nach Wien gekommen. Aber auch die gesamte Politprominenz Österreichs, von Bundespräsident Heinz Fischer bis zu Bundeskanzler Werner Faymann: beides gestandene Sozialdemokraten, deren Vorgänger 1918 Ottos Vater, Karl I., als letzten österreichischen Kaiser vom Thron gestürzt hatten.

Nun saßen da die höchsten Vertreter der Republik, um dem letzten „Thronfolger" die letzte Ehre zu erweisen. Sie fühlten sich sichtlich nicht wohl in ihrer Haut. Die Sozialdemokraten hatten nicht nur den Adel inklusive Titel abgeschafft, sie hatten mit den Habsburger-Gesetzen auch dafür gesorgt, dass Mitglieder des Hauses Habsburg-Lothringen vom passiven Wahlrecht für die Wahl zum Bundespräsidenten ausgeschlossen waren, bis eben zum Jahr 2011.

Sie trauten wohl ihren Ohren nicht, was sie da hörten. Im prall gefüllten Dom zu St. Stephan erklang aus hunderten Mündern die alte Kaiserhymne. Die Vertreter der Republik folgten dem „Gott erhalte, Gott beschütze unsern Kaiser" mit versteinerter Miene. Otto von Habsburg-Lothringen, so wurde er in Deutschland genannt, war übrigens österreichisch-ungarisch-deutscher Tripelstaatsbürger.

Er saß für die CSU viele Jahre als Abgeordneter im Europa-Parlament. Als deutscher Abgeordneter musste er zur Kaiserhymne den Text des Deutschlandliedes singen. Was hätte da wohl sein Vater dazu gesagt? Es ist übrigens ausgerechnet einem Sozialdemokraten zu verdanken, dass das Deutschlandlied zur Nationalhymne wurde. Friedrich Ebert, Reichspräsident und Sozialdemokrat hatte dies 1922 in der Weimarer Republik bestimmt, obwohl die Melodie „Made in Austria" war.

Und daran gibt es nichts zu rütteln. Joseph Haydn wurde in Rohrau in Niederösterreich geboren. Also in jenem Flecken Land im Osten des Landes, in dem der Name „Ostarrichi" erstmals urkundlich erwähnt wurde. Das ist auch schon eine Zeit her, man schrieb das Jahr 996.

Der Bonner Wiener

Alle Menschen werden Brüder. Die Ode an die Freude ist das musikalische Produkt eines deutsch-österreichischen, besser gesagt eines Bonner-Wienerischen „Produkts" namens Ludwig van Beethoven. Für mich ist und bleibt er der größte Komponist aller Zeiten. Beethoven gelang aber als „Piefke" bereits zu Lebzeiten schier Unvorstellbares. Er wurde „weltberühmt" in Wien. Die Wiener hatten dieses rheinische Genie zu Lebzeiten dermaßen in ihr Herz geschlossen, dass sie ihm die größte Ehre zuteilwerden ließen, die Wien zu bieten hat: a schene Leich, also eine Beerdigung, die alle Stücke spielt.

20.000 Menschen, also fast die Hälfte der damaligen Wiener Innenstadt, kamen am 29. März 1827 zu seiner letzten Wohnstätte, dem Schwarzspanierhaus, um seinen Sarg zur Einsegnung in die Dreifaltigkeitskirche zu begleiten. Alles, was Rang und Namen hatte, war dabei. Die Schulen blieben geschlossen. Das Militär sorgte für einen geordneten Ablauf. Die bedeutendsten Musiker und Künstler Wiens trugen den Sarg oder begleiteten ihn als Fackelträger, unter ihnen auch Franz Schubert.

Normalerweise fand eine Beisetzung unter Ausschluss der Öffentlichkeit statt, wie etwa bei Wolfgang Amadeus Mozart. Nicht so bei Beethoven. Die Wienerinnen und Wiener ließen es sich nicht nehmen, der „schenen Leich" im damals außerhalb von Wien gelegenen

Währinger Ortsfriedhof beizuwohnen und der bewegenden Grabrede des Dichters Franz Grillparzer zu lauschen. Mehr „Habe die Ehre" geht in Wien nicht.

„Freude! Freude!" So beginnt die Ode an die Freude, die meine Hymne ist. Ich habe von Geburt an die österreichische Staatsbürgerschaft. Auf meinem Pass steht in der ersten Zeile „Europäische Union" und erst in der zweiten Zeile „Republik Österreich". Genau in dieser Reihenfolge fühle ich. Ich bin Europäer, europäischer Bürger mit österreichischem Pass. Wie oft habe ich schon von meinen deutschen Freundinnen und Freunden gehört: „Ja, ihr Ösis, ihr seid Schlawiner, den größten Verbrecher aller Zeiten habt ihr uns umgehängt und den größten Komponisten aller Zeiten habt ihr zum Österreicher gemacht." Ich antworte dann immer: „Dafür habt ihr uns unsere Hymne geklaut, die der Österreicher Joseph Haydn für den österreichischen Kaiser komponiert hat."

Joseph Haydn ist übrigens ein Grund dafür, warum Beethoven in Wien hängen geblieben ist. Beethoven war nach Wien gereist, um seine Kompositionskünste bei Haydn zu verfeinern. Er hat Österreich zwar keine Hymne hinterlassen, was ich schade finde. Dafür hat er der Welt ein einzigartiges Oeuvre geschenkt und für Europa ein Lied für die Ewigkeit geschaffen. Freude! Freude!

Fränkische Frankfurter aus Wien

Ein anderes Produkt eines gebürtigen Deutschen schaffte es von Wien aus als Wiener zu Weltruhm. Das Wiener Würstchen, kurz das Wiener, ist als globale Speise nicht wegzudenken. In Österreich und Wien ist es als Frankfurter weltberühmt geworden. Wie dieses deutsch-österreichische Erfolgsprodukt seinen Erfolgsweg von Wien aus nahm, ist schnell erzählt.

Johann Georg Lahner, geboren am 13. August 1772, stammte aus einer armen Bauernfamilie im oberfränkischen Gasseldorf. Seine Eltern drängten ihn, als sie für sich und ihren Kostgänger die Nahrung nur noch schwer aufbringen konnten, sein Glück in der Fremde zu suchen. Er fand sein Glück, besser gesagt seine Lehrstelle als Fleischer, in Frankfurt am Main, wo er auch die Herstellung ortsüblicher Würste erlernte. Wie damals üblich, ging er nach der Ausbildung als Handwerksgeselle auf Wanderschaft. Es verschlug ihn gen Süden an die Donau, wo er auf einem flussabwärts fahrenden Schiff als Ruderknecht anheuerte.

In Wien ging der gut aussehende Fleischergeselle um 1800 herum von Bord und machte sich vorerst als Aufhackgehilfe ans Werk. Wenige Jahre später machte sich Lahner als Meister mit eigener Selcherei in der Vorstadt Altlerchenfeld selbstständig, mit einem Darlehen einer reichen Dame ausgestattet. Eine gute Investition, wie sich herausstellte. Aus dem Jahre 1805 stammt eine

Zeitungsmeldung, dass im Schaufenster Lahners, Am Schottenfeld Nummer 274, der heutigen Neustiftgasse 111 im siebenten Wiener Bezirk, „merkwürdige Gebilde" hängen. Die Würste wurden Stadtgespräch und wurden zur gesuchten Delikatesse, nicht nur im gemeinen Volk, sondern auch in der Hautevolee.

Die „Frankfurter", wie Lahner sie zur Erinnerung an seine Lehrzeit nannte, begannen ihres Siegeszug. Nicht nur am österreichischen Hofe wurden sie von den Majestäten als Gabelfrühstück gerne verzehrt, sie mundeten auch vielen prominenten Künstlern. Johann Nestroy, Franz Schubert, Johann Strauss, besonders aber Adalbert Stifter. Dieser ließ sie sich per Postkutsche gar ins 180 Kilometer entfernte Linz liefern, aus Haltbarkeitsgründen jedoch nur im Winter. In Linz wurden die Würste allerdings erst ab 1865 als Frankfurter erzeugt. Der internationale Erfolg als „Wiener" stellte sich aber schon früher ein, etwa 1842 in Mailand oder 1861 in Amsterdam.

Alle vier Söhne Lahners wurden Fleischer und mit den Frankfurtern/Wienern reich. Johann Georg Lahner, der arme Bauernbub aus Franken, bekam das Bürgerrecht verliehen und erhielt als hoch angesehener Bürger a schene Leich auf dem Wiener Zentralfriedhof. Seine Würste wurden ein globaler Welthit. Die „merkwürdigen Gebilde" namens Wiener schafften es übrigens nicht nur in den deutschen Sprachgebrauch, sondern auch in selbigen der Weltsprache Nummer eins, des Englischen. *The Wiener* ist zwar auch ein merkwürdiges Gebilde, hat aber nur bedingt mit Würstchen zu tun, man sollte jedenfalls nicht reinbeißen.

German Angsthasen

Auch das Wort Angst hat sich, ähnlich wie Weltschmerz, in der englischen Sprache eingebürgert. Dieser Germanismus Angst hat sich in vielen Disziplinen breit gemacht und doch ist es nichts anderes als ein „Typisch deutsch"-Stereotyp, oder doch nicht? Rede ich mit ostdeutschen Freunden, die noch in der DDR zur Schule gegangen sind, dann wird aus einem Vorurteil schnell ein Urteil. Das ist typisch westdeutsch. Für sie ist German Angst gleich Wessi-Angst. Ich würde es eine Bedenkenträger-Vorsicht-lieber-nicht-Attitüde nennen, mit der ich in den vergangenen Jahrzehnten des Öfteren in Berührung gekommen bin.

Ein nachhaltiges Aha-Erlebnis hatte ich vor etwa 15 Jahren. Die Wirtschaft boomte, von der Lehman-Pleite, Euro-Krise und sonstigen wirtschaftlichen Verwerfungen war weit und breit kein Streif am Horizont zu sehen. Fünf Vorstände eines globalen deutschen Konzerns hatten sich zu einem Workshop zum Thema Geschichten-Entwicklung in meinem Wiener Büro angesagt. Die Atmosphäre war am Anfang eher distanziert, auch optisch.

Ich begrüßte sie in Jeans und offenem Hemdkragen. Sie waren in ihren Uniformen gekommen, alles Deutsche vornehmlich aus dem schwäbisch-badischen Raum stammend. Schwarzer Anzug, schwarze Schuhe, weißes Hemd, dunkle Krawatte. Drei von ihnen trugen

Schnauzbart. Regungslos lauschten sie meinen Ausführungen. Ich legte mich voll ins Zeug, um sie in die Welt der Geschichten zu entführen. Die Macht der Bilder, Emotionen, das dramaturgische Dreigestirn von Täter, Opfer und Helfer, um aus Problemen Lösungen zu machen. Emotionen, Emotionen, Emotionen.

Egal, was ich machte, der emotionale Funke wollte einfach nicht überspringen. Im Gegenteil, die Gesichter der Herren verdunkelten sich zusehends, bis sich der CFO überwand, das Wort ergriff und trocken anmerkte.

„Entschuldigen Sie bitte, aber bei uns sind Emotionen verboten."

Ich rang nach Luft, holte schließlich aber tief Luft, um zum Gegenschlag auszuholen.

„Es tut mir sehr leid. Vielen Dank für Ihr Kommen. Der Workshop ist somit beendet und Sie brauchen ihn auch nicht zu bezahlen. Da wir uns heute ausschließlich mit Geschichten und deren Macht beschäftigen wollten, müssen wir hier abbrechen. Geschichten funktionieren ohne Emotionen einfach nicht."

Jetzt kam Bewegung in die Runde. Die fünf Herren schauten zuerst sich, dann mich fassungslos an. Meine Intervention zeigte Wirkung und es wurde emotional. In einer intensiven Diskussion konnten wir das Missverständnis aufklären. Es war ein unumstößliches Gesetz in ihrer Firmenkultur gewesen, dass man keine Emotionen zeigen dürfe, wie sie glaubten. Dieses Bild hatte sich fest in das kollektive Bewusstsein eingeprägt.

Nach langer Debatte stellte sich heraus, dass etwas ganz anderes gemeint war. Man solle sich nicht vor den Mitarbeitern anbrüllen. Emotionen waren mit Anbrüllen, Ausrasten, Sich-nicht-unter-Kontrolle-Haben konnotiert. Als wir diesen gordischen Knoten durchschlagen hatten, entwickelte sich ein durchaus lustiger und lehrreicher Tag. Alle kamen zu Einzel-Coachings wieder, was mich freute. Einige Jahre später in Jeans und Hemd. Man hatte die Firmenkultur weitergehend hinterfragt und war zu dem Ergebnis gekommen, dass das mit der „Uniform" eher kontraproduktiv sei. Man wollte nämlich junge Ingenieurinnen und Ingenieure finden und für die war die bisherige Kleiderordnung ein Hinderungsgrund. Ach ja, Emotionen waren auch erlaubt.

Digitales Emotionsloch

Ende 2018 musste ich kurzfristig zu einem Kunden nach Stuttgart. Ich, der überzeugte Zugfahrer, nahm also den Flug von Berlin. Ich landete pünktlich und steuerte schnurstracks zur S-Bahn Richtung Stuttgart-Hauptbahnhof. Die S-Bahn stand schon da, fuhr aber nicht ab, wegen technischer Probleme, wie uns mitgeteilt wurde. Macht nichts, dachte ich mir, erledige ich eben gleich E-Mails, schicke ein paar Messages auf Social Media raus und führe ein paar Telefonate. Nur hatte ich die Rechnung ohne den Digitalwirt gemacht. Die S-Bahn-Station am Flughafen Stuttgart ist ein großes digitales Funkloch.

„Das gibt's ja nicht. Ich bin hier in einem der reichsten Flecken Europas und bin vollkommen von der Umwelt abgeschnitten", murmelte ich leicht enerviert vor mich hin, bis die S-Bahn mit zwanzig Minuten Verspätung endlich losfuhr. Sie fuhr aber vom großen Funkloch, vorbei an Produktionsstätten und Gebäuden von schillernden Weltmarken, in viele kleinere Funklöcher, die die Strecke bis Stuttgart-Hauptbahnhof säumten. An Telefonieren war nicht zu denken. Jetzt war das für mich nichts Neues, begleiten mich doch Funk- und sonstige Löcher seit Jahren auf deutschen Verkehrswegen. Aber ich bin jedes Mal aufs Neue überrascht, wenn es mir widerfährt, weil ich das Alltägliche einfach nicht glauben kann. Diesmal sitze ich ungläubig in Stuttgart. Ich werde diese Geschichte in Österreich erzählen und wieder wird sie mir niemand glauben, genauso wie die nächste Geschichte im darauffolgenden Jahr, mehrere hundert Kilometer weiter nördlich.

Rund um meinen Geburtstag im April 2020 sitze ich auf meiner Terrasse in Berlin, als mich ein denkwürdiger Anruf aus dem hohen Norden Deutschlands erreicht. Ein Bekannter aus Hannover hatte mich gefragt, ob er meine Handynummer dem Direktor eines Radiosenders aus Schleswig-Holstein weitergeben könne, was ich bejahte. Wenig später hatte ich ihn am Rohr.

„Hallo, Herr Moser, Sie sind mir von verschiedenen Personen empfohlen worden. Sie haben ja mit einigen Spitzenpolitikern gearbeitet und mit ihnen durchaus denkwürdige Reden erarbeitet, sagt man mir. Ich komme mit einer für Sie möglicherweise sehr schrägen Frage um die Ecke. Unser Senderverbund hat eine Studie in Auftrag gegeben und deren Ergebnis ist, Sie werden es nicht glauben, für manche überraschend. Unsere Hörerinnen und Hörer wünschen sich mehr Emotionen im Radio."

In manchen Momenten bin auch ich sprachlos, weil ich nicht weiß, ob ich lachen oder weinen soll. Das war so ein Moment. Ich entschied mich zu lachen.

„Sie wollen mir jetzt aber nicht ernsthaft weismachen, dass sogar Fischköppe Emotionen haben?"

„So ist es", schallt es lachend zurück. „Ich bin zwar auch Norddeutscher, aber kein Fischkopp, ich komme aus Hannover."

Damit war das Eis gebrochen. Hannover ist ja quasi zu meiner dritten Heimat geworden und so entwickelte sich das Gespräch zu einem Heimspiel in schwarzem Humor für mich, in die Richtung, wo ich es haben wollte. Wir waren uns schnell im Klaren, dass ein wissenschaftlicher Vortrag zum Thema eher kontraproduktiv sei, und ich klärte ihn auf, dass ich selbst ein Radiomann gewesen war. Mein Zugang ist es, einen emotionalen Workshop zu halten, in dem gelacht und gelernt wird.

Weil eine Überraschung selten allein kommt, schießt er gleich die nächste Frage nach.

„Können Sie sich auch vorstellen, dass wir den Workshop digital machen?"

Jetzt war ich endgültig platt. Ich sollte erstens darüber reden, dass Emotionen im Radio wichtig sind, was mir noch immer ein Lächeln auf die Lippen zaubert. Zweitens sollte das noch dazu digital stattfinden, und das für eine deutsche Rundfunkanstalt? Digital, wo man aufgrund des Funkloch-Flickenteppichs nicht einmal ordentlich telefonieren kann und wo das Fax-Gerät nach wie vor als der letzte Schrei des technologischen Fortschritts gilt? Wieder atme ich durch.

„Sagten Sie jetzt digital und Vortrag in einem Atemzug?"

„Geht wohl nicht anders. Corona macht's möglich."

Der interaktive Vortrag war ein voller Erfolg und so machte ich das Ganze sechs Wochen später nochmals, allerdings für das gesamte norddeutsche Sendegebiet zuzüglich Fernsehen. Das Vorspiel war wie immer ein bisschen kompliziert, führte nun doch die „Zentrale" das Kommando. Die diversen Abstimmungs-, besser gesagt Bürokratieprozesse ließ ich in gewohnter Weise über mich ergehen. Auch die Ankündigung, dass man den digitalen Vortrag über eine selbst entwickelte Software machen werde, ließ mich erahnen, dass möglicherweise nicht alle, die teilnehmen wollten, auch teilnehmen konnten. Aber egal, mir ging es ja nur darum, diejenigen, die teilnehmen konnten, zu Teilnehmern zu machen. Ich begann, wie jeden meiner Vorträge in Deutschland, mit einer Feststellung.

„Auch Deutsche sind Menschen."

Einundzwanzig, zweiundzwanzig, dreiundzwanzig ... Da meldete sich eine Teilnehmerin aus Kiel.

„Herr Moser, wie meinen Sie das?"

„So wie ich es sage. Was zeichnet einen Menschen aus? Sie, er hat Emotionen, Träume, Wünsche, Wut, Hass und so weiter und so fort."

„Was wollen Sie uns damit sagen?"

„Ich antworte mit einer Frage: Was ist aus diesem Deutschland der Denker und Dichter geworden? Wenn ich Ihr Programm höre, ist es eher ein Deutschland der Technokraten und Winkeladvokaten geworden. Oder der unverständlichen Abkürzungen. So töten Sie die Sprache. So töten Sie Emotionen, Sie töten die Verständlichkeit."

Schweigen am Ende der Leitung.

„Lassen Sie uns einmal etwas ausprobieren. Ich sage ein deutsches Wort, Sie sagen mir, was Sie damit assoziieren. O.k.? Das Wort heißt: Stätte."

Nach einigen Sekunden kommen die ersten Wortmeldungen.

„Gaststätte"
„Werkstätte"
„Grabstätte"
„Wirkungsstätte"

„Ja, alles korrekt. Aber wissen Sie eigentlich, dass Sie das Wort, das Sie wahrscheinlich am häufigsten verwenden, gar nicht genannt haben? Wahrscheinlich auch deshalb, weil Sie kein Bild damit verbinden. Besonders weil Sie es in der Abkürzung verwenden. Ich buchstabiere, K I T A. Kita, die Kindertagesstätte."

Betretenes Schweigen.

„Sie verwenden für Kinder das gleiche Wort wie für Gegenstände, die in einer Werkstatt erzeugt werden, oder für Tote, die ihre letzte Ruhe in der Grabstätte finden. Das ist schlimm genug. Dabei hat die deutsche Sprache ein wunderschönes Wort dafür, das – wie etwa Angst – Eingang in den englischen Sprachgebrauch gefunden hat. Es ist die wunderschöne Metapher Kindergarten. Ich stelle mir spielende Kinder in einem Garten vor. Das machen die Amerikaner, Briten, Australier, aber auch die Österreicher. Was machen die Deutschen aus einem

Garten? Eine Stätte. Und damit es richtig deutsch wird, mache ich eine Abkürzung daraus, schwuppdiwupp, die Kita ist konstruiert. Das wunderbare, in Thüringen geborene Wort Kindergarten ist Geschichte. Was für eine traurige Geschichte."

Wenn ich diese Geschichte in Österreich erzähle, glaubt es mir niemand. Erstens, dass die Deutschen Studien in Auftrag geben, wo herauskommt, dass Emotion im Radio wichtig sei. Und zweitens, dass es mir wie ein Wunder erscheint, dass ich im Jahr 2020 digitale Vorträge halte. Was ist das Besondere daran, fragen mich die Österreicher.

114

Die Fußballmacht Österreich

Deutsche Medien gaben einem Wunder einen Namen. Das „Wunderteam" ward geboren. Deutschland ist im Fußball eine Macht. Österreich ist ein Zwerg. Das ist die Ist-Beschreibung. Das war aber auch mal ganz anders, Anfang der 1930er-Jahre und darüber hinaus. Das Team, das damals das „Wunder" vollbracht hatte, war das österreichische Nationalteam. Das Team, das im Berliner Stadion eine Klatsche einstecken musste, war das deutsche Nationalteam. Verkehrte Fußballwelt. Die deutsche Elf hatte sich mit ihrem harten Spiel gegen die „weichen Österreicher" gute Chancen ausgerechnet. 0:6 hieß es nach dem Schlusspfiff: ein Debakel. So sehr die deutschen Medien die Österreicher und ihr Spiel hochjubelten, so vernichtend fiel das Urteil über das „peinliche Ende Deutschlands" und „die größte Blamage des DFB" aus.

Wenige Monate nach dem Kantersieg in Berlin kam es im September 1931 zur Revanche. Anlass war die Eröffnung des Wiener Praterstadions, des heutigen Ernst-Happel-Stadions. Und wieder gab es für die Deutschen „Dresch", wie man in Wien sagt, also Haue. Österreich 5, Deutschland 0. In zwei Spielen hatte Österreich Deutschland mit einem Gesamtscore von 11:0 besiegt. Österreich war eine Fußballmacht, gewann den Europapokal und wurde damit erst- und letztmalig Europameister. Die Spieler des Wunderteams waren alle Wiener oder bei Wiener Vereinen spielende Kicker.

Was für die Österreicher das Schifahren, ist für die Deutschen der Fußball. Das stimmt, aber speziell für Wien nicht. Zu tief ist die Fußballkultur in der DNA Wiens verankert, auch wenn man das in internationalen Bewerben heutzutage nicht mehr spürt. Die große Zeit des Wiener Fußballs ist zwar lang vorüber, aber die große Fußballtradition und das Herz – Emotion pur – sind geblieben. In Wien rennt nicht nur der Schmäh, sondern auch die Kugel, wie das runde Leder an der Donau genannt wird. Viele Legenden, Anekdoten, Mythen und Geschichten ranken sich um die Wiener Fußballgötter und um das Ballestern, wie man zum Fußballspielen in Wien sagt.

Der Mozart des Fußballs

Vom Wunderteam und seinem Superstar Matthias Sindelar, genannt „der Papierene" oder „Mozart des Fußballs", schwärmen heute noch alle Fußballbegeisterten. Viele Geschichten über ihn erzählen auch viel über die Wiener Seele und die österreichische Mentalität. Sindelar war ein „echter Wiener", weil zugereist. Geboren 1903 in Kozlau in Mähren, aufgewachsen in Wien-Favoriten, dem 10. Wiener „Hieb", also Bezirk. Dort, wo so viele Zuwanderer der k. und k. Monarchie, vor allem aus Böhmen und Mähren, als Arbeiter in Ziegelfabriken, despektierlich die *Ziegelbehm* genannt, ihre neue Heimat fanden. Die Straßen Favoritens waren die Geburtsstätten des Wiener Straßenfußballs, des sogenannte Scheiberlns.

Sindelar war nicht irgendein Fußballer, er war ob seiner schlaksigen Statur und seiner eleganten Art zu spielen ein Fußballgott für die Wiener, erfüllte er doch ihre Vorstellungen vom schönen Fußballspielen, das eher ans Walzertanzen erinnert – zumindest was jene Wiener betraf, die einem der Großklubs, dem FK Austria Wien, verfallen waren. Seine fußballerischen Tanzeinlagen wurden selbst in der Wiener Kulturszene diskutiert. Dies mit der gleichen Kennerschaft und Leidenschaft wie die Aufführungen in der Staatsoper oder am Burgtheater. Bereits zu Lebzeiten eine Legende, wurde ihm wenige Jahre nach seinem Tod auch ein poetisches Denkmal gesetzt. Niemand Geringerer als Friedrich

Torberg widmete dem eleganten, fast zerbrechlich wirkenden Mittelstürmer eine literarische Hommage.

Er war ein Kind aus Favoriten
und hieß Matthias Sindelar.
Er stand auf grünem Plan inmitten,
weil er ein Mittelstürmer war./
Er spielte Fußball wie kein Zweiter,
er stak voll Witz und Phantasie.
Er spielte lässig, leicht und heiter.
Er spielte stets, er kämpfte nie./
Er war gewohnt zu kombinieren,
und kombinierte manchen Tag.
Sein Überblick ließ ihn erspüren,
dass seine Chance im Gashahn lag.

Matthias Sindelar musste für vieles herhalten, von der Glorifizierung bis zum Entstehen des österreichischen Opfermythos. Einerseits musste ein geschichtsträchtiges Fußballspiel herhalten, andererseits sein höchst mysteriöser Tod mit nur fünfunddreißig Jahren. Gemeinsam mit seiner jüdischen Lebensgefährtin Camilla Castagnolla wurde er in seiner Wohnung in der Annagasse 3 tot aufgefunden. Der Polizeibericht vermerkte lediglich „Tod durch das Einatmen von Kohlenmonoxyd aufgrund eines defekten Ofens". Mit seinem Tod endete nicht nur die Ära eines außerordentlichen Fußballers, sein Tod stand für weit mehr, wie es der Literat und Journalist Alfred Polgar zu Papier brachte.

Der brave Sindelar folgte der Stadt,
deren Kind und Stolz er war, in den Tod.

Dass vor allem jüdische Schriftsteller Sindelar ein Denkmal setzten, hatte mit den jüdischen Wurzeln seines Stammvereins, der Wiener Austria, zu tun, aber auch mit vielen Legenden, die sich um ihn rankten. Die Fußballgroßmacht Österreich war nach dem „Anschluss" Geschichte. Ausgerechnet Hitler verschaffte Sindelar nochmals einen großen Auftritt. Das vom „Führer" drei Wochen nach dem „Anschluss" verordnete Spiel „Deutsch-Österreich gegen Deutschland" sollte der Legende zufolge mit einem Unentschieden enden. Diesen Gefallen wollte Sindelar dem „Führer" nicht tun, und so endete das Spiel mit einem Tor von Sindelar 2:0 für die „Ostmärker".

Sindelar verweigerte unter den Augen Hitlers auch den Hitlergruß, genauso eine Einberufung ins gesamtdeutsche Team, die er mit Hinweis auf sein fortgeschrittenes Alter von fünfunddreißig Jahren ablehnte. Im privaten Kreis äußerte er sich anders: „Ich werde nie für dieses Gebilde, das sich Deutschland nennt und Europa frisst, spielen." Sehr wohl spielte er aber noch einige Monate für seine Austria, die jetzt „Sportclub Ostmark" hieß. Ausgerechnet in Berlin verabschiedete sich das Genie mit einem 2:2 gegen Hertha BSC und einem Tor von der Sportbühne.

Aufgrund dieser Vorkommnisse war für die Wiener klar, wer hinter dem ominösen Tod Sindelars stand: die Nazis. So klar ist das aber nicht, wie spätere Recherchen ergaben. Sindelar war nicht nur Regimegegner, er war auch Profiteur. 1938 erwarb er das Wiener „Cafe Annahof", um es zum „Kaffeehaus Sindelar" zu machen. Es war eine der vielen „arisierten" Immobilien, Sindelar zahlte bei weitem nicht den ortsüblichen Preis. Der vorheriger Eigentümer, der jüdische Cafetier Leopold Drill, kam im Konzentrationslager Theresienstadt um. Es ranken sich viele Mythen und Legenden um Matthias Sindelar. Eines ist aber Fakt. Seine Heimatstadt erwies ihrem großen Sohn das größte, was Wien zu bieten hat: a schene Leich. In einem Ehrengrab der Stadt Wien wurde er beigesetzt. Die Stadt trug Trauer, 15.000 Menschen gaben ihm das letzte Geleit.

Die Wiener als deutscher Meister

Ausgerechnet der Erzrivale der Wiener Austria, Rapid Wien, schaffte im Jahr 1938 große Erfolge. Nicht nur, dass die Grün-Weißen letzter österreichischer Meister wurden, gewannen die Hütteldorfer auch den deutschen Pokal mit einem 3:1 gegen den FSV Frankfurt. Drei Jahre später kam es aber noch dicker. Das Finale um die deutsche Meisterschaft schien nach der ersten Halbzeit entschieden, der Favorit aus Gelsenkirchen, Schalke 04, lag 2:0 in Front, kurz nach Wiederanpfiff folgte das 3:0. Allerdings hatten die Ruhrpotter die Rechnung ohne die kämpferischen Wiener aus Hütteldorf (einem Stadtteil im 14. Bezirk) um ihren Star Franz Binder gemacht. Nach einem verschossenen Elfmeter war er mit seinen drei Toren maßgeblich am 4:3-Erfolg beteiligt. Das Wiener Fußballherz, besonders das der Rapidler, schlug höher und das mitten in den Kriegswirren.

Rapid Wien war auch nach dem Krieg eine Fußballmacht und stellte viele Nationalspieler. Zwar war das Wunderteam nach dem Anschluss gestorben, das Fußballspielen verlernt hatten die Österreicher damals aber nicht. Einer der großen Rapidler der Nachkriegszeit als Spieler und Trainer hieß Ernst Happel. Um ihn ranken sich genauso viele Anekdoten, Legenden und Schnurren wie um seinen „Vorgänger" bei der Austria, Matthias Sindelar. Während die Wiener Austria für ihren tänzerischen Spielstil stand, war der Arbeiterverein Rapid für seinen Kampfgeist gefürchtet, besonders in den letzten fünfzehn Minuten eines Spiels, der Rapid-Viertelstunde. Die Schalker können ein Lied davon singen.

Gefürchtet war auch der Libero der Rapidler, Ernst Happel. Er hatte diese Position erfunden, weil er nicht Vorstopper sein wollte. In der Zeit danach sollten es viele Liberos zu Weltruhm schaffen, allen voran Franz Beckenbauer, der von den Deutschen schließlich sogar zum „Kaiser" gekrönt wurde. Bei Freund und Feind wusste man nie, was in Happels Kopf gerade vorging, manchmal ging einfach der Spitzbub mit ihm durch, so auch im sommerlichen Innsbruck. Diese Geschichte spiegelt nicht nur seinen typischen Wiener Humor wider, sondern auch das Verhältnis zu seinem damaligen Mitspieler bei Rapid, Walter Zeman. Der Torwart hatte nach Glanzparaden gegen die damaligen Fußballgroßmächte Schottland (1:0-Sieg im Jahr 1950) und Ungarn (1:1 im Jahr 1953) die Spitznamen „Panther von Glasgow" und „Tiger von Budapest" erhalten.

Österreich bereitete sich 1954 in Tirol auf die Fußball-Weltmeisterschaft in der Schweiz vor. Teil der Vorbereitung war ein Freundschaftsspiel gegen eine Vorarlberg-Auswahl, bei der Happel und Co. selbstredend im Schongang über den grünen Rasen tänzelten, schließlich fiel das Tor zum 14:0. Kurz nach dem Anstoß drehte Libero Happel als letzter Mann um, lief in Richtung des eigenen Tores und knallte den Ball aus rund 20 Metern vorbei an seinem Mitspieler Walter Zeman zum Stand von 14:1 ins eigene Tor, um seinem Freund Zeman noch eines mit auf den Weg zu geben:

„Was willst du sein? Der Panther von Glasgow? Der Tiger von Budapest? Des Oaschloch von Hütteldorf bist!"

Ja, die beiden waren und blieben dicke Freunde, sehr zur Gaudi der Mitspieler. Das ist Wiener Humor. In einem Interview sagte Happel zur Rechtfertigung:

„Mir war fad. Und außerdem hat der Tiger auch was zum Arbeiten gebraucht."

Weniger fad hatten es die Ösis um Happel 1954 im Halbfinale der Weltmeisterschaft in der Schweiz, und zum Scherzen war ihnen auch nicht zumute. Die Mannen um Ernst Happel galten als Geheimfavorit. Es galt nur noch Erzrivalen Deutschland zu schlagen, um im Finale gegen den anderen Erzrivalen und Favoriten Ungarn zu spielen. Schon damals kursierte der Witz, der heute noch im Vorfeld dieser Begegnung erzählt wird.

„Heute spielt Österreich–Ungarn." – „Gegen wen?"

Die Österreicher waren aber nach einer Hitzeschlacht im Viertelfinale gegen die Schweiz ausgelaugt und kassierten eine kräftige Watsch'n. 1:6 hieß es nach dem Schlusspfiff und so war der Weg frei für das „Wunder von Bern", als die Deutschen die hoch favorisierten Ungarn mit 3:2 besiegten. Dies war nicht nur der erste Weltmeistertitel und der Beginn des Aufstiegs der Bundesrepublik Deutschland zur Fußballgroßmacht. In der BRD löste der Erfolg einen Freudentaumel aus. Neun Jahre nach dem Zweiten Weltkrieg hob er das Selbstwertgefühl des jungen Staates und die Identifikation vieler Westdeutscher mit diesem. Der Ordnung halber sei erwähnt: Österreich gewann das kleine Finale gegen Uruguay mit 3:1 und erzielte mit Platz drei das beste Resultat bei einer Fußball-Weltmeisterschaft. Geheimfavoriten sind die Österreicher bis heute geblieben, meinen die Österreicher.

Da Wötmasta

Weltmeister wurde Ernst Happel nie. Als Spieler wurde er Dritter. Als Trainer zweimal Zweiter, als Teamchef der Niederländer. 1974 gegen die deutsche Nationalelf um „Kaiser" Franz Beckenbauer, vier Jahre später gegen Argentinien. In Österreich war er trotzdem oder gerade deswegen „da Wötmasta." Das kann ein Zeichen von Hochachtung sein, prägte Happel mit seinem visionären Offensivfußball um seinen Superstar Johan Cruyff den Fußball über Jahrzehnte. Das kann aber auch ein Zeichen von Schadenfreude sein, weil er eben gerade nicht Weltmeister geworden war und er damit augenzwinkernd immer daran erinnert wurde, was einem in Wien schon passieren kann. Oder es ist eben österreichisch, denn im Wort Vizeweltmeister steckt ja das Wort Weltmeister, so genau muss man's ja nicht nehmen.

Happel prägte den europäischen Fußball wie kaum ein anderer, auch den deutschen Fußball. Man glaubt gar nicht, wie viele Anhänger ein norddeutscher Traditionsverein noch immer hat, obwohl er seit Jahren in der zweiten Liga darbt und von seinen Erfolgen aus längst vergangenen Tagen zehren muss. Diese Erfolge des Hamburger Sportvereins sind ganz eng mit dem Namen Ernst Happel verbunden. Dieses Wiener Schlitzohr hat es geschafft, als Säulenheiliger im Norden zu gelten. Selbst seine Spitzbübigkeit hat den eher kühlen Hanseaten imponiert. So erzählte mir ein Hamburger Kunde, als wir auf Happel zu sprechen kamen, folgende Anekdote.

Ernst Happel war, wie der Hanseate Helmut Schmidt, bekennender Kettenraucher. Selbst am Trainingsplatz hatte er immer eine Kippe, oder auf Wienerisch an Tschick, im Mund. Lange beobachtete er ein Freistoßtraining, wo sich die damaligen Heroen des HSV wie Horst Hrubesch nicht unbedingt konzentriert zeigten, bis es ihm zu bunt wurde. Er nahm eine Getränkedose und platzierte selbige direkt am Lattenkreuz. Er legte den Ball außerhalb des Sechzehn-Meter-Raumes auf, nahm drei Schritte Anlauf und traf die Dose mit dem ersten Schuss. Mit einem breiten Grinsen stellte er sich vor seine Stars, zog an seiner Zigarette und sagte.

„So geht das, meine Herren. Nachmachen."

Er zündete sich die nächste Zigarette an und verfolgte die wenig zielsicheren Versuche seiner Männer sichtlich amüsiert. Da musste mit Franz Beckenbauer schon ein Kaiser antreten, der seine Karriere beim HSV ausklingen ließ, um es Happel gleichzutun. Die anderen staunten und schlichen frustriert vom Trainingsplatz.

Ähnliche Geschichten waren schon in den Niederlanden über ihn erzählt worden. Wenn HSV-Fans über Happel reden, werden selbst Hanseaten sentimental und emotional, ist doch dieser waschechte Wiener und Lebemann der erfolgreichste Trainer der HSV-Geschichte. Schon in seiner ersten Saison holte er mit dem HSV die deutsche Meisterschaft, um den Erfolg im Jahr darauf zu wiederholen. Saisonübergreifend stellte er 82/83 mit sechsunddreißig hintereinander ungeschlagenen Spielen einen Vereinsrekord auf. Sein größter Erfolg mit den Hamburgern war zweifelsohne der Sieg im Europapokal der Landesmeister, der heutigen Champions League, gegen Juventus Turin. Das war selbst dem notorischen Grantler ein Tänzchen wert und er ließ es krachen. Ganz zur Überraschung von Fans und Spielern, wie HSV-Torwart Uli Stein später erzählte:

> „Er ließ sich gehen in einer Art und Weise, die vorher für so unwahrscheinlich gehalten wurde wie ein öffentlicher Auftritt des Papstes in der Badehose."

Nach dieser großen Zeit war es für Happel Zeit, in die Heimat zurückzukommen. Mit dem FC Tirol holte er noch zwei österreichische Titel, ehe er 1992 sein Lebenswerk mit der Rolle als österreichischer Teamchef abrunden wollte. Happel verstarb vier Tage vor dem Länderspiel gegen Deutschland an Lungenkrebs. Das Spiel wurde zu einer großen Gedenkveranstaltung. Zu seinem Andenken trägt das Nationalstadion heute den Namen Ernst-Happel-Stadion. Er selbst, der ein mehr als distanziertes Verhältnis zum Journalismus hatte, hätte wohl auf die Frage zu seinem Nachruf gesagt:

> „Schreiben'S, was Sie woll'n, is mir eh wurscht."

Den Wienerinnen und Wienern war es und er nicht wurscht. Sie verabschiedeten sich zu tausenden von ihrem „Ernstl". Die „Kronen Zeitung" beschrieb den Andrang der Menschenmassen wehmütig:

> „An seinem Sarg war das Pressing so, wie er es sich zu Lebzeiten immer gewünscht hat."

I wear narrisch

Ich war neun Jahre alt, als Großes passierte. Ich höre die Stimme von Edi Finger heute noch. Ich sehe die Tore von Hans Krankl vor meinem geistigen Auge. Ich sehe, wie sich Menschen in der Kleingartensiedlung meiner Eltern in die Arme fielen und laut „Österreich, Österreich" brüllend herumrannten und mit allem anstießen, was sie zu fassen bekamen. Frauen wie Männer, auch viele Fußballmuffel darunter. Was ich seither beobachte, ist, dass beim Thema Fußball sogar die klügsten und reflektiertesten Menschen das Hirn ausschalten und auch die Kontrolle über sich selbst verlieren, selbst in Deutschland.

Wie damals, als sich der Name Córdoba ins kollektive Gedächtnis Österreichs eingebrannt hat. Die pittoreske Universitätsstadt im Herzen Zentralargentiniens mit ihren Kirchen und Klöstern, der lebendigen Kulturszene und geschichtsträchtigen Tanzlokalen war plötzlich Gesprächsthema Nummer eins. Aber eben nicht der Kultur, sondern des Fußballs wegen. Besser gesagt des Resultats wegen, 3:2 für Österreich! Österreich war im Fußballhimmel, Deutschland am Boden. Was war passiert?

Die Ausgangslage war klar. Der damalige WM-Modus wollte es so, dass Österreich zwar eine gute WM gespielt hatte, bei diesem letzten WM-Spiel aber keine Chance auf einen Finalplatz mehr hatte. Für die Ösis ging es schlicht nur um die Ehre. Ganz anders bei Deutschland, die Chance auf das Finale lebte. Allerdings musste ein 5:0-

Sieg her. „Fünf Tore gegen Österreich, warum sollte uns das nicht gelingen?", gab sich Hermann Neuberger, der damalige Präsident des DFB, vor dem Spiel siegessicher.

Nicht nur das Spiel erlangte Kultstatus, sondern auch der österreichische ORF-Reporter Edi Finger. Eigentlich wollte er in Buenos Aires bleiben und das Spiel nicht vor Ort live kommentieren. Aufgestachelt durch die provokante Aussage des DFB-Präsidenten entschloss er sich, doch nach Córdoba zu fahren. Der Rest ist Fußball-, aber auch Fernseh- und Radiogeschichte.

„Tooor, Tooor, Tooor ... I wear narrisch!"

Der Torschrei nach Hans Krankls Siegestor wurde Kult. „I wear narrisch" tönt als Klingelton aus Handys, der Satz findet sich auf T-Shirts, Schlüsselanhängern und Tassen, Werbeleute bedienen sich des Ausrufs ebenfalls. Edi Fingers Name ist in Österreich zur Marke geworden, fast wie die Sachertorte oder die Mozartkugel. „I wear narrisch" heißt ja nichts anders als: „Ich werde verrückt." Ich frage mich oft, wie das in den Ohren eines kühlen Norddeutschen klingt. Sind die Ösis jetzt wirklich endgültig durchgeknallt? Ist dieser Typ tatsächlich verrückt und muss in die Klapse, also ins Irrenhaus? Fragen, die nur jeder für sich selbst beantworten kann, wenn man sich die entscheidenden Passagen der Reportage auf der Zunge zergehen lässt.

„Da kommt Krankl ... in den Strafraum – Schuss ...
Tooor, Tooor, Tooor, Tooor, Tooor, Tooor!
I wear narrisch! Krankl schießt ein –
3:2 für Österreich! Meine Damen und Herren,

wir fallen uns um den Hals; der Kollege Riepl, der
Diplom-Ingenieur Posch – wir busseln uns ab.
3:2 für Österreich durch ein großartiges Tor
unseres Krankl. Er hat olles überspielt, meine Damen
und Herren. Und warten'S noch ein bisserl,
warten'S no a bisserl; dann können wir uns
vielleicht ein Vierterl genehmigen. ...
Jetzt hamma's gschlagn! ... Noch einmal
Deutschland am Ball. Eine Möglichkeit für
Abramczik. Und!? Daneeeeben! Also der
Abraaaamczik – obbusseln möcht i den Abramczik
dafür. Jetzt hat er uns gehooolfn. Allein vor dem
Tor stehend. Der braaave Abramczik hot
daneben gschossn. Der Oame wird si ärgern. ...
Und jetzt ist auuus! Ende! Schluss! Vorbei!
Aus! Deutschland geschlagen!"

Ja, so kommentiert man im Süden, Edi Finger stammt
ja aus dem südlichen Eck des deutschen Sprachraums,
Kärnten. Wenige Meter neben ihm im Stadion saß sein
Kollege aus dem Norden, der für das deutsche Fernsehen
kommentierte. Armin Hauffe sagte das Nötigste und das
sehr trocken.

„Deutschland unterliegt Österreich mit zwei zu drei. Es
war ein schwaches Länderspiel hier aus Córdoba. Tja."

„I wear narrisch" 3 gegen „Tja" 2. Auch so können
Fußballspiele enden.

Cordobar in Berlin-Mitte

Stellen Sie sich vor, Sie werden auf der Toilette mit dem oben beschriebenen Kommentar Edi Fingers dauerbeschallt. Zwei findige Österreicher machten den Kult um Cordoba zum Geschäftsmodell. Mitten im Ausgehviertel in Berlin-Mitte eröffneten sie ihre „Cordobar", wo das Klo tatsächlich mit Edi Finger beschallt wurde und wo viele Devotionalien herumhingen. Ein Treffpunkt für Auslandsösterreicher in Berlin, aber auch für viele, die auf österreichische Tapas-Küche standen.

Ich lud ab und an deutsche Kunden dorthin ein, um sie augenzwinkernd an den historischen Triumph Österreichs zu erinnern und den dazugehörigen Kult, inklusive dazugehörigem Kulturschock. So saß ich einmal mit zwei Hamburgern, als sich einer der beiden Chefs unserem Tisch näherte. Wir kannten uns, hatten wir an der Bar doch schon das eine oder andere Mal Schmäh geführt. Er kam aus der Oststeiermark, wo man einen durchaus eigenwilligen Dialekt pflegt. Darin kommt es zu interessanten Lautverschiebungen, so wird etwa aus einem E ein Ö, was vor allem für deutsche Ohren mehr als gewöhnungsbedürftig ist.

„Griaß eich, i bin da Köllner! Wos kann i fia eich tuan?"

Nachdem er die Bestellung aufgenommen und zurück in die Küche getrottet war, kann sich einer meiner Gäste nicht mehr halten.

„Ich bin ein wenig irritiert. Sie hatten doch gesagt, das Lokal würde von Österreichern geführt."

„Wird es ja auch. Warum fragen Sie?"

„Der Mann ist doch Kölner."

Ich lachte laut auf, was zu einer weiteren kurzen Irritation führte. Als ich die beiden aufgeklärt hatte, war großes Gelächter am Tisch. Auch der „Köllner" musste herzhaft lachen, nachdem ich ihm vom Missverständnis erzählte, und gab mehrere Runden „zur besseren deutsch-oststeirischen Verständigung" aus.

Trabi-Stau in Wien

Ich liebe den Besuch von Fußballstadien. Egal, auf welchem Kontinent ich mich aufhalte, versuche ich eine Karte für ein Fußballspiel zu ergattern. Stadionbesuche sind für mich soziopsychologische Erkenntnisreisen. Ich beobachte Menschen auf dem Weg zum Spiel, vor dem Spiel, während des Spiels und nach dem Spiel. Ein Fußballspiel dauert für mich also weit länger als zwei Mal fünfundvierzig Minuten und schwingt lange nach. Mit Vor- und Nachspielzeit kommen da schon einige Stunden zusammen. An ein Spiel erinnere ich mich besonders, war es doch ein wirklich historisches. Österreich qualifizierte sich für die Fußball-WM.

So weit, so wichtig. Historisch war es aber vor allem deshalb, weil es das letzte Pflichtspiel in der Geschichte der Deutschen Demokratischen Republik war, quasi der Schlusspfiff für die DDR. Gleichzeitig war es das erste Spiel in Freiheit. Wir schreiben den 15. November 1989. Sechs Tage davor hatte ein Zettel, von dem der DDR-Sekretär für Informationswesen, Günter Schabowski, ablas, die Berliner Mauer zum Einstürzen gebracht. Eigentlich wollte Schabowski nur eine neue Regelung für Reisen in das westliche Ausland verkünden, die in den nächsten Tagen, mit Vorlauf, in Kraft treten sollte. Eine Reporterfrage nach dem genauen Termin und seine anschließenden Worte „Sofort, unverzüglich" brachten jedoch Menschenmassen und Trabikolonnen ins Rollen – zuerst nach West-Berlin, kurz darauf nach Wien. Die

Würfel und die Mauer waren gefallen, auch für die Fußballer.

Für mich waren es ein völlig fremder Geruch und völlig fremde Klänge, als ich die Prater-Hauptallee Richtung Happel-Stadion schlenderte. Die Bilder, die ich kurz zuvor im Fernsehen gesehen hatte, waren plötzlich real, hier mitten in Wien. Eine Abgaswolke hatte sich über den Prater gelegt, die mich an den Geruch des alten Rasenmähers meines Großvaters erinnerte. Das Knattern der Zweitaktmotoren gemahnte eher an Nähmaschinen als an Autos. So zogen wir an hunderten Trabanten vorbei, vorbei an feiernden Ossis, die die Deutschland-Fahne schwenkten und ihre Schlachtgesänge anstimmten, die wenig bis gar nichts mit Fußball zu tun hatten.

„Wir sind das Volk! Deutschland einig Vaterland!"

Sie brüllten es vor dem Spiel, während des Spiels und nach dem Spiel. In Endlosschleife. Beim Schreiben dieser Zeilen bekomme ich Gänsehaut, wenn ich mir diese Bilder und Emotionen in Erinnerung rufe. Es war einfach ein Festtag, an dem noch lange gefeiert wurde, weil alle etwas zu feiern hatten. Die Ossis hatten bereits eine knappe Woche zuvor ihren größten Sieg errungen und lebten die lange ersehnte Freiheit in vollen Zügen aus. Die Ösis werden zwei Stunden später ihren epochalen Sieg feiern und in ihrem Größenwahn vom lang ersehnten Weltmeistertitel träumen.

Ach ja, und da war ja noch ein Fußballspiel, bei dem es für beide Mannschaften um viel ging, eben um nichts Geringeres als um die Teilnahme an der Weltmeisterschaft in Italien. Österreich musste gewinnen, der DDR genügte eigentlich ein Unentschieden. Aber die ostdeutschen Kicker um die Superstars wie Thom, Kirsten und Sammer waren mit ihren Köpfen ganz woanders. Mitten im Kapitalismus nämlich, hatten Bundesligaklubs doch gleich nach dem Mauerfall mit für sie unvorstellbaren D-Mark-Summen gelockt. Ihre Zukunft hieß Leverkusen und nicht Italien. So wurde das Spiel zur Nebensache, auch wenn die Ösis ihrer Hassliebe zu Toni Polster freien Lauf ließen.

Das gehört in Österreich dazu, entweder man ist Fußballdepp oder Fußballgott. Toni Polster ging als ausgepfiffener Depp ins Spiel und nach seinem Triple-Pack zum 3:0-Endstand als gefeierter Gott aus dem Spiel. Für mich waren alle, Vorspiel, Fußballspiel und Nachspiel, einfach nur Freude pur. Ich habe in meinem Leben noch nie so viele glückliche Menschen auf einem Fleck gesehen. Wildfremde Menschen fielen sich in die Arme und weinten vor Glück! Das Bier floss in Strömen. Es kam zu Verbrüderungen am Laufband. Ossis und Ösis waren im siebenten Himmel. Bis in die frühen Morgenstunden. Auch das kann Fußball.

Ich bin den Ossis im Fußball treu geblieben, eisern. So war für mich klar, dass es in Berlin nur einen Fußballklub gibt, den FC Union. In der Alten Försterei, der heimeligen und heiligen Heimstätte der Eisernen in Köpenick, habe ich wunderbare emotionale Erlebnisse gefeiert. Schon in der zweiten Liga, besonders aber in der Bundesliga. Da wird gesungen, getanzt und gefeiert, egal ob die Mannschaft in Führung liegt oder hinten. Es herrscht Party, und das mit Familie. Meiner Tochter wurde sogar die Ehre zuteil, beim Spiel gegen Borussia Mönchengladbach neben dem Hauptschiedsrichter im Unions-Trikot einzulaufen. Und dann schlugen die echten Preußen aus Berlin die Preußen (Borussia ist die lateinische Bezeichnung von Preußen) vom Rhein auch noch zwei zu null. Es war damals wie in Wien. Wildfremde Menschen umarmten uns, schenkten meiner Tochter Süßigkeiten und waren glücklich. Eisern glücklich.

Da Blitzgneißa

Apropos Borussia Mönchengladbach und Toni Polster. Auch dort spielte der SchlaWiener. Er hatte es im Rheinland mit seinem Wiener Schmäh zum Publikumsliebling gebracht, speziell beim 1. FC Köln. Vor seinem Wechsel nach Gladbach wurde über eine Vertragsverlängerung bei den Kölnern (nicht bei den Köllnern, wohlgemerkt) spekuliert. Die Verhandlungen zogen sich in die Länge und so wurde Polster von einem Reporter gefragt, warum er den Vertrag trotz intensiver Verhandlungen noch nicht verlängert habe.

„Na ja, es geht ums Geld ... Der FC will mir mehr zahlen, als ich nehmen will ... Sie wollen mir das Geld praktisch aufdrängen und das möchte ich nicht."

Einundzwanzig, zweiundzwanzig, dreiundzwanzig ... der Reporter hakt verunsichert nach.

„Wie, wie darf man das verstehen, das war jetzt ein Scherz – ja??"

„Haha haha haha .... Du bist a, a – a Blitzgneißa, sagt man in Österreich!"

So war das Wort „Blitzgneißer" im Rheinland und darüber hinaus in aller Munde und sorgte für viel Stirnrunzeln. Hatte er das jetzt vielleicht doch ernst gemeint? Es dauerte, bis man endlich die deutsche Übersetzung für Blitzgneißer gefunden hatte. Es heißt „Schnelldenker". Die Aussage

Polsters ist typischer Wiener und österreichischer Humor. Ich habe mich halb totgelacht, vor allem über die anschließende ernsthafte Auseinandersetzung mit diesen sprachlichen Verwirrungen sowie mit Polsters Schmäh im deutschen Fernsehen.

So wie ich als Fußball-Fernsehkonsument über viele Übertragungen und Analysen schmunzeln muss. Ich habe es mir zum berufsbedingten Hobby gemacht, Fußballkommentare zu analysieren. Glauben Sie es mir oder nicht: Deutsche Fußballkommentare und -analysen sind wirklich lustig. Wenn man sie aus der richtigen Distanz und mit dem richtigen Fokus betrachtet. Deutsche Fußballkommentare sind nämlich, und das ist weltweit wirklich einzigartig, so ernst, rational und weitestgehend humorfrei, dass sie schon wieder lustig sind. Das Glas ist vielfach so halb leer, dass man Lust bekommt, es mit Bier zu befüllen.

Stark zugespitzt geht es bei deutschen Kommentaren um die Frage, wie es passieren konnte, dass ein Tor gefallen ist. Das ist ein Alleinstellungsmerkmal, geht es in anderen Top-Ligen ja darum, mehr Tore zu schießen und zu bejubeln, wie geil das letzte Tor gerade war. Nein, auch im Fußball bleiben sich die Deutschen treu. Es geht um Fehlervermeidung, Planungssicherheit und (Spiel-)Kontrolle. Im Scherz sage ich zu meiner Frau: Ich glaube, das ideale Resultat für Fußballkommentatoren und die zahllosen Analysten ist ein 0:0. Wenn alle Spiele einer Runde 0:0 enden, führt das vermutlich zu Massenekstase und multiplen Orgasmen der Reporter. Es sind keine Tore gefallen, niemand hat also einen Fehler gemacht. Wie geil ist das denn! „Du übertreibst, wie immer", sagt meine Frau und tätschelt mir die Wange.

Im Tal der Tränen

Ich tausche mich mit Ösis, die es auch nach Deutschland verschlagen hat, gerne aus. Sogar über Fußball. Eines ist uns allen gemein: So sehr wir Deutschland schätzen, uns fehlt einfach das Schmähführen. Egal aus welchem Tal oder welcher Stadt wir stammen. Einer dieser Ösis ist Philipp. Er ist Salzburger, wir haben uns beim Studium in Wien kennen und schätzen gelernt. Ihn verschlug das Schicksal nach Hamburg, wo er einiges zu verdauen hat. Er ist in einem vollkommen kranken familienrechtlichen System gefangen und kämpft um seine Tochter, von Geburt an. Seine schweizerische Lebensgefährtin hatte sich getrennt, seitdem versteht er die Welt nicht mehr. Rational wie emotional.

Gleich nach der Geburt begab sich seine Ex auf Sommerfrische zu ihren Eltern in die Schweiz. Er begab sich daraufhin nach einem kurzen Zwischenstopp bei seinen Eltern auf die Alpentour von Salzburg nach Chur. Es war einer der heißesten Sommertage, 37 Grad, Mega-Stau. Selbst die pittoreske Alpenlandschaft Österreichs und der Schweiz ließ keine Entspannung zu. Das Gegenteil war der Fall, stieg in Philipp doch wieder dieses Gefühl der Enge auf, der er immer entfliehen wollte. Die Uhr tickte gnadenlos, der Schweiß lief in Strömen. Und so kam es, wie es kommen musste. Nach zwölf Stunden in der abwechselnd stehenden und dahinkriechenden Blechlawine hieß es von der Mutter. „Oje, jetzt bist du zu spät. Die Kleine schläft schon, tschüss bis morgen." Am nächsten Morgen hatte sie Philipp vor das Hotel Post in Chur zitiert. Sein Herz raste, er war extrem angespannt. Als ihm die Mutter das Kind übergab, fiel die gesamte Spannung von ihm ab. Es brach aus ihm heraus, als er in die weit geöffneten Augen Hannahs blickte. Eine Eruption von Emotionen und Hormonen. Tränen schossen aus seinen Augen. Er war hin und weg, drückte schluchzend sein Baby an seine Brust. So verharrte er minutenlang.

Er wollte nicht mehr loslassen. Er ließ Hannah an diesem Tag nicht mehr los. Es war eine schöne Zeit. Sie shoppten, tranken Kaffee, plauderten über Hannah. Auch der nächste Tag verlief harmonisch. Der Abschied war brutal. Wieder kullerten Tränen über seine Wangen, Tränen des Abschieds, der Ungewissheit, der Angst. Berechtigte Angst, sein Kind nicht wiederzusehen, Angst, seinen Sonnenschein nie mehr strahlen zu sehen. Die Angst war berechtigt.

Zurück in Hamburg wurde Philipp auf den harten Boden der Realität zurückgeworfen. Ihm war keine Ruhe gegönnt, flatterte doch wenige Tage später wieder ein Schreiben der ersten von mittlerweile mehr als einem Dutzend Rechtsanwältinnen seiner Ex ins Haus. Die Quintessenz: Der Vater sei psychisch labil, habe seine Emotionen nicht im Griff und dies sei schlecht für die Entwicklung des Babys. Als Hauptbeweis wurde das Weinen des Vaters in Chur in die von der Mutter angestrebte juristische Schlacht geworfen. Das saß, auch bei seiner Anwältin, die sofort Schnappatmung bekam. Ihr hanseatischer Rat war knapp und präzise.

„Wir leugnen und spielen die Sache herunter. Männer

weinen nicht. Tun wir das nicht, könnte es passieren, dass das Gericht dies tatsächlich als Schwäche und als Hinderungsgrund für das gemeinsame Sorgerecht auslegt."

Philipp sah sie an wie von einem anderen Stern. Nach einigen Sekunden des Sammelns sprach er Tacheles.

„Entschuldigung, gnädige Frau. Meinen Sie das ernst, was Sie da sagen? Kommt für mich überhaupt nicht in Frage, im Gegenteil. Ich bestehe darauf, dass ich das Weinen nicht nur zugebe, sondern als normale menschlich-emotionale Regung erachte. Ich bin Österreicher. Da weint man, wenn man traurig ist, da weint man, wenn man sich freut. Ich stehe dazu. Wenn das Gericht das anders sieht, dann soll es so sein. Basta."

Genauso klar und emotional wird es Philipp zwei Monate später vor Gericht sagen. Richterin und Jugendamt entscheiden ausnahmsweise zu seinen Gunsten.

Angst vor Goethes Fühlen

Dieses Erlebnis mit den Anwältinnen geht Philipp nicht aus dem Kopf und mir auch nicht. Wenn wir darüber reden, merken wir ganz drastisch den extremen Mentalitätsunterschied. Uns wird klar, dass wir doch eher Südländer sind. Wir, die in katholischen Kirchen, Internaten und Schulen groß geworden sind. Auch er gehört noch dieser „Boys don't cry"-Generation an, in der Weinen als Schwäche oder als „Emotionen nicht im Griff haben" ausgelegt wird. Weinen ist aber eine der stärksten Gefühlsregungen, ein Affekt, der unterschiedlich aufgenommen wird. In Philipps Fall werden seine Emotionen und Gefühlsregungen von Berichterstattern und Gutachtern künftig besonders kritisch beäugt werden.

Wenn er darüber spricht, ist dieses Erlebnis für ihn noch immer eine irritierende Erfahrung. Besonders wenn ihm Menschen gegenübersitzen, die überhaupt keine Gefühlsregungen zeigen. Das wird ihm in den kommenden Jahren des Öfteren passieren. Seine jetzige Lebensgefährtin sagte nach einer Begutachtung zu ihm: „Warum schicken die Menschen, die keine Emotionen und noch dazu Angst vor Kindern haben?" Bei solchen Begutachtungen fühlt man sich entweder wie im Käfig im Zoo, um sich von Menschen mit versteinerter Miene begaffen zu lassen. Oder man wird einem bleiernen Kreuzverhör unterzogen, dessen Ausgang von Anfang an feststeht. Schuldig. *Ich fühle die Absicht* und bin verstimmt, ging es Philipp nach solchen skurrilen „Veranstaltungen" durch den Kopf. Aber halt, werden Sie sich denken. Das heißt doch, man *merkt die Absicht* und ist verstimmt. Passiert öfters. Es stimmt insofern, als es sich mittlerweile in den deutschen Sprachgebrauch eingeschlichen hat. Goethe lässt Tasso im Original allerdings sagen:

So fühlt man Absicht, und man ist verstimmt.

Aus Goethes Fühlen wurde Merken. Schön rational bleiben, schön deutsch sein, ja keine Gefühle zeigen. Ich habe Philipp darin bestärkt, beim Original des großen deutschen Dichterfürsten zu bleiben. Wir haben gemeinsam beschlossen, dass wir auch in Zukunft die Absicht fühlen, ob es den Herrschaften gefällt oder nicht.

Mentale Modelle sind mächtig, genauso wie Geschichten, Mythen, Legenden, Gerüchte und Vorurteile. Und das nicht nur vor Gericht oder beim Fußball. Ich hatte und habe das Glück, in Deutschland viel erleben zu dürfen, viel herumzukommen, selbst während Corona. Meine zwei großen Lieben und Lebensmenschen sind in Deutschland geboren. Meine Tochter Tilda ist in Berlin gezeugt und geboren. Eine Preußin mit kakanischen Genen. Sie ist tatsächlich Europäerin mit österreichischer, deutscher und italienischer Staatsbürgerschaft, weil ihre Mutter Südtirolerin ist. Südtirol war bis zum Ende auch Teil Kakaniens.

Und da ist Kirsten, Kiki genannt. Geboren, groß und vernünftig geworden in Hannover, bis sie mich kennenlernte und ich sie nach Berlin und jetzt nach

Wien entführt habe. Damit beginnt sich ein Kreislauf zu schließen. Kiki ist ein Schiunfall, besser gesagt ein Après-Ski-Unfall. Ihre Eltern hatten sie mit einem österreichischen Rausch im westlichsten Zipfel Österreichs, dem Kleinwalsertal, gezeugt.

Après-Ski-Karriere

Ein Rauschkind bin ich auch, allerdings im Sommer gezeugt. Dafür bin ich aber quasi mit kleinen Holzschiern zur Welt gekommen. Ja, und um gleich eine Schublade aufzumachen, ich konnte früher Schi laufen als laufen. Schirennläufer war meine Berufung und sozusagen mein erster Beruf. Ich fuhr im österreichischen Kader, um mit zehn Jahren, am Höhepunkt meine Karriere, selbige zu beenden. Ich tat es nicht ganz freiwillig. Meine Eltern hörten nicht auf meine Trainer und entschieden, dass nicht mein alpines Beinspiel einem Drill unterzogen werden sollte, sondern meine geistigen und geistlichen Fähigkeiten. Luja, sog i! So landete ich in katholischen Schulen und Internaten. Es war alles vergebens! Mich wollte die Muse des Heiligen Geistes einfach nicht küssen. Ich konnte mit dem und den Geistlichen zeitlebens nicht viel anfangen. So blieb ich dem alpinen Spitzensport treu, allerdings im Après-Ski.

Und weil wir gerade bei Vorurteilen sind, lasse ich die Hose gleich bis zu den Knöcheln herunter und gestehe: Ich war in meiner Studienzeit im Sommer Tennislehrer und im Winter Schilehrer. Ich bin quasi ein Schluchtenscheißer aus dem Stereotypen-Katalog. Ich hatte meine Ausbildung zum Landesschilehrer noch während meiner Schulzeit abgeschlossen. Nach Lehrjahren als Kinderschilehrer in meinem Heimatort Puchberg am Schneeberg zog es mich als End-Teen und Anfangs-Twen dorthin, wo damals, Ende der 1980er-

Jahre, die Post abging, nach Saalbach-Hinterglemm, den alpinen Place-to-be.

Dort machte ich meine ersten beruflichen Einkehrschwünge als Freigänger aus einem katholischen Internat, und das in schwerster Sünde. Viele weitere würden folgen. Drugs und Rock'n'Roll sind bei den Katholiken nicht verboten, der außereheliche Sex hingegen umso mehr. Was ich in den Schidörfern Saalbach und Hinterglemm sah und erlebte, kannte ich nur aus alttestamentarischen Erzählungen über Sodom und Gomorra.

Diese beiden Städte begrub Gott mit einem Regen aus Feuer und Schwefel, weil sie der Sünde anheimgefallen waren. Mein Gott, wie muss es damals zugegangen sein, dachte ich mir. Denn schlimmer als in den Schihütten und Schibars Saalbachs konnte es in Sodom und Gomorra auch nicht abgegangen sein. Muss es aber, sind mir doch keine vergleichbaren göttlichen Verwüstungen in den Alpen bekannt. Sex, Drugs und Alpen-Rock'n'Roll vom Feinsten oder vom Schlimmsten, das ist Ansichtssache.

Was ich sah, werde ich nie vergessen. Irgendwie war das für einen Spätpubertierenden zu viel, gleichzeitig konnte ich nicht genug davon bekommen. Ich war dauerberauscht von den mir unbekannten Eindrücken und Erfahrungen, aber auch dauerberauscht von der Unzahl an Bieren und Schnäpsen, die ich mit meinen Kunden trinken musste. Das gehört einfach zur Job-Description eines Schilehrers dazu. Manchen war das nicht genug. Sie wollten mehr. Besser gesagt, sie wollte mehr. Ich war von einer Endvierzigerin für einen Tag als Privatlehrer gebucht. Sie beschloss aber, meine Dienste auch für das Après-Ski in Anspruch zu nehmen. So weit, so normal. Schließlich landeten wir in der Hotel-Bar ihrer Fünf-Sterne-Unterkunft. Schwerst illuminiert beschloss sie, einen Tabledance auf der Bar zum Besten zu geben. Als sie nur noch im BH dastand und mich lautstark aufforderte, ihrem Beispiel zu folgen, bekam ich die Panik. Ich entschuldigte mich, um die Toilette aufzusuchen. Ich nutzte die Chance, um aus dem Klofenster zu springen und Reißaus zu nehmen.

Das böse Erwachen kam wie immer am nächsten Tag. Mit einem riesigen Brummschädel schälte ich mich in meinen Schi-Overall und torkelte zu meinem Arbeitsplatz, der Schischule. Als ich am Empfang eintraf, schaute mich die Chefin mit ernster Miene an.

„Moser, wir haben da ein Problem: Dein Schihaserl hat sich über deine mangelnde Dienstbereitschaft echauffiert."

Verdattert schaute ich durch meine geschwollenen Augenschlitze hindurch und suchte nach Worten. Ich blieb sprachlos, sie setzte ihre Ausführungen fort.

„Du hast deinen Job nicht gemacht, du hast die gewünschte Leistung nicht gebracht. Sie war vor einer halben Stunde hier und sehr aufgebracht. Hier am Tresen stand sie. Weg warst du, obwohl sie dich doch *all inclusive* gebucht hatte."

„Ja, aber ..." Schallendes Gelächter meiner Kolleginnen und Kollegen brach aus. Gott sei Dank war ich braun gebrannt, so konnte niemand erkennen, dass ich rot angelaufen war.

„Moser, das möchte ich nicht noch einmal erleben. Bessere dich!"

„Jawohl, ich werde mich bessern!"

Für die nächsten Tage lief der tiefe österreichische Schmäh auf meine Kosten. Die diversen Ratschläge, die ich von meinen fürsorglichen Kolleginnen und Kollegen bekam, sind nicht jugendfrei, deshalb breite ich das Tuch des Schweigens darüber. Auch über die Beschwerdeführerin, eine betuchte Hamburgerin im besten Alter.

Es war im wahrsten Sinne des Wortes einfach eine aufregende und erregende Zeit! Ich war auch tief beeindruckt, speziell von der Schaffenskraft der deutschen Fremdenverkehrer. Nicht nur die sexuellen Freizügigkeiten ließen mich sofort an Teufels Werk denken. Auch die unfassbaren Mengen an Spirituosen, die sich die Hüninnen und Hünen aus dem Norden hinter die Binde kippten, ließen mich daran zweifeln, dass das mit rechten Dingen zugehen konnte. Vor allem, dass diese Menschen noch gehen konnten, nein noch mehr, sogar tanzen konnten, zu einem Rausch-Tanz „Made in Germany" und „Made for Germans".

Die Trittversicherung

Die Polonaise, einfach, massentauglich, sicher, deutsch. Dieser Schlangen-Tanz ermöglicht es nicht nur, eine Schihütte zum Leben zu erwecken, sondern sie auch zum Beben zu bringen. Hunderte Füße, bestückt mit Schnallenstiefeln aus Plastik, die im Gleichschritt auf den Bretterboden niederkrachen. Und das noch dazu mit dem dazugehörigen Sicherheitskonzept. Nicht nur, dass die ausgestreckten Arme auf der Schulter des Vordermannes oder der Vorderfrau für den nötigen Sicherheitsabstand sorgen. Die Hände dienen gleichzeitig als Sicherheitsgurt, kann man sich doch festklammern, um weder zur Seite noch nach vorne und schon gar nicht nach hinten zu kippen. Clevere deutsche Ingenieurskunst, um rauschsicher zu navigieren.

Ich war zutiefst beeindruckt. Wie schaffen und machen die das? Ich war der festen Überzeugung, gut trainiert zu sein, aber was die deutschen Schigäste in ihren Körper reinschütten konnten, machte mich klein und ließ mich an meinen eigenen Trinkfähigkeiten zweifeln. Selbst bei härtestem Training würde ich das nicht länger als ein, maximal zwei Wochen durchhalten. Die fahren aber heim und machen weiter, dachte ich in meiner jugendlichen Naivität. Heute weiß ich es besser.

Denn heute weiß ich, dass Malle nur einmal im Jahr und Saalbach nur einmal im Jahr ist. Das eine im Sommer, das andere im Winter. Entspannt euch mal, entgegne ich, das Leben besteht doch nicht nur aus einer Woche Sommerurlaub und einer Woche Schiurlaub. Dazwischen sind auch nicht 350 Tage des Darbens, der Disziplin und des Sparens. Das Leben ist zu kurz, um nur für den Urlaub zu schuften. Und es ist auch zu kurz, um schlecht zu essen und trinken.

Stammtisch-Studien

Mit solchen Hypothesen quälte ich meine Stammtisch-Genossen in Hannover. Dort, wo selbst am Stammtisch Hochdeutsch gesprochen wird. Sie können einfach nicht anders, die Hannoveranerinnen und Hannoveraner. Alle sitzen sie hier: die Dekorateurin und der Tischler, der Architekt und der Polizist, die Möbelverkäuferin und der Optiker, die Altenpflegerin und der Oberarzt. Alle haben ihren Spaß und das in schönstem Hochdeutsch.

Auch wenn sich der Plümi-Stammtisch in Corona-Zeiten nicht mehr treffen kann, so sind wir ihm bis heute verbunden, digital im Plümi-Chat, ebenfalls in Hochdeutsch. Selbst Gerhard Schröder hatte es sich als amtierender Bundeskanzler nicht nehmen lassen, von Sicherheitsbeamten eskortiert seine Curry-Wurst hier einzunehmen. Das hatte viel mit der Wirtin zu tun, die mittlerweile leider in Rente ist. Sie erinnerte mich frappant an meinen Lieblings-Ober in Wien. Hart, aber herzlich. Sie führte ein strammes Regiment, hatte immer den Gesamtüberblick und dirigierte taktvoll ihr Gäste-Orchester. Sie wusste genau, wer mit wem harmoniert und wer nicht. Und so bestimmte sie mit klaren Anweisungen die Sitz- und Trinkordnung. Der Ton war rau, kannte man sie, wusste man aber sofort, wie man dran war. Es fühlte sich gleich an wie ein Stück Heimat. Und so war es nicht verwunderlich, dass sie mich Schluchtenscheißer in ihr Herz schloss, ohne zu vergessen, mir gleich augenzwinkernd die Rute ins Fenster zu stellen.

„Wenn du meine Kiki nicht ordentlich behandelst, dann gnade dir Gott!"

In Gesprächen mit österreichischen Kunden schwingt immer ein bisschen Neid und Minderwertigkeitsgefühl mit. Ach, die sprechen so schönes Deutsch und sind uns rhetorisch so überlegen. Wie machen die das? Ich antworte, dass manche Deutsche eben in ihrer Muttersprache reden würden. Wir Ösis hingegen müssten simultan immer ins Deutsche übersetzen, auch wenn das nicht ganz ernst gemeint ist. Umgekehrt ist es genauso, auch viele Deutsche lieben den österreichischen Akzent. Nicht nur am Stammtisch in Hannover, sondern sogar im Supermarkt in Berlin sprechen mich wildfremde Menschen an, die mich fragen, ob ich den Satz, den ich gerade zu meiner Frau gesagt habe, wiederholen könnte.

„Ach, der österreichische Dialekt, ich höre diesen Klang zu gerne. Ich würde das auch gerne sprechen."

Ich habe es mittlerweile aufgegeben, den Unterschied zwischen Akzent und Dialekt zu erklären. Früher erwiderte ich immer, dass man froh sein solle, dass ich nicht im Dialekt spreche, ansonsten würde das deutsche Ohr fast kein Wort verstehen, den Inhalt sowieso nicht. Auch im Plümi, wo ich anfangs als Außerirdischer am runden Stammtisch Platz fand. Ich hatte von Anfang an großen Spaß, weil es lustig war. In Wien hätten wir gesagt, hier rennt der Schmäh auf Hannöversch.

Ich liebe Stammtische genauso wie Fußballstadien, weil beide für mich nicht nur Spaßfaktor, sondern auch ein Untersuchungsbiotop sind. Ich bin quasi der teilnehmende Beobachter und Mittrinker. Gerade bei so heterogenen Gruppen bekomme ich einen Eindruck, wie Menschen ticken und wie gerade die Stimmung in der Bevölkerung ist. Ich brauche keine Fokus-Gruppen, mir reicht ein runder Tisch und ausreichend Bier. Ich bin aber auch der Agent Provocateur, der meinen Freunden manchmal schwer auf die Nerven geht. Das führt zu lustigen und emotionalen Diskussionen, wo es ums Eingemachte der Eingeborenen geht.

Der, die, das – es geht um die Wurst

Ein Wurst-Kunstgeschöpf hat die Gaumen der Deutschen von Berlin aus erobert. Während die Wiener Würstchen einen globalen Siegeszug feierten, ist die Currywurst vorerst nur in Deutschland „weltberühmt". Das Wiener Würstchen hat aber auch mehr als hundert Jahre Vorsprung, erblickte seine deutsche Verwandtschaft doch erst nach dem Zweiten Weltkrieg das Licht der Welt, mit und ohne Darm. Auf jeden Fall aber mit spezieller Tomatensauce und Currypulver. Für einen österreichischen Gaumen ist dieses Gericht anfänglich sehr gewöhnungsbedürftig, heute habe ich es nach langem Fremdeln auch für mich zur Delikatesse erhoben, in Verbindung mit Fritten. Besonders im Plümi.

Wie die Currywurst für den Gaumen sind manche Ausdrücke, besonders aber die Artikel, mehr als gewöhnungsbedürftig für die jeweiligen Ohren. Sie führen zu heftigen Wortschlachten darüber, was denn nun Hochdeutsch sei. Das Problem ist, dass es, so wie bei der Wurst, kein gutes und kein schlechtes Ende gibt. Es ist reine Gewohnheitssache, wie ich meine. So wie bestimmte Artikel richtig oder falsch sind oder sich zumindest so anhören. Es quietscht in den Ohren, abhängig davon, ob es deutsche oder österreichische sind. Kostproben gefällig? Fliege ich mit Austrian Airlines, bestelle ich wie selbstverständlich *ein* Cola, fliege ich mit der Lufthansa, natürlich *eine* Cola. Fliege ich mit anderen Fluglinien, horche ich erst mal, woher das

Flugpersonal stammt, aus Deutschland oder Österreich. Rutscht mir in Österreich „eine Cola" über die Lippen, heißt es gleich:

„Na, jetzt bist du auch schon ein Piefke."

„Die Cola" geht in Österreich nicht, „das Cola" geht in Deutschland nicht, also passe ich höllisch auf, dass im jeweiligen Land die jeweiligen Artikel passen.

Ähnlich ergeht es mir bei „Nee". Wobei es in Deutschland halb so schlimm ist, attestiert man den Ösis ja nur bedingte Deutschkenntnisse, was ich nicht auf mir sitzen lassen kann, besonders nicht am Plümi-Stammtisch. Ich habe allerdings festgestellt, dass ich dort von ziemlich vielen Österreich-Fans umzingelt bin. Der Erste war lange mit einem Österreicher liiert, die Zweite verbringt Sommer- und Winterurlaub in Österreich, der Dritte ist ein Wien-Fanatiker und die Vierte schwärmt von den besten Rippchen, die es nur in Österreich geben soll. Aber bei der Sprache hört sich die Freundschaft auf.

„Erklärt mir doch mal, warum ein süßes, ungesundes Amigetränk weiblich sein soll? *Das* Cola ist eine Sache, also ist der sächliche Artikel logisch, oder? Genauso verhält es sich mit eurer weiblichen *die* E-Mail, die heißt bei uns logischerweise *das* E-Mail."

„Du mit deiner Logik. Dann erkläre mir mal, warum ein anderes Ami-Ding, *das* Kaugummi, bei euch männlich ist und *der* Kaugummi genannt werden will. Klingt doch wirklich besch..."

Spätestens nach meiner Frage, warum es *die* Gabel, *das* Messer und *der* Löffel heißt, einigen wir uns schließlich darauf, dass sich die deutsche Sprache weitestgehend jeglicher Logik entzieht. Wir stoßen mit einem Schnaps auf den Luxus an, dass Deutsch unsere Muttersprache ist und wir es uns nicht hart erarbeiten müssen wie die armen Ausländer. Die Diskussionen, wo nun die „Hüter der deutschen Sprache" herkommen, führen auch im einundzwanzigsten Jahrhundert zu keinem Konsens, weil ich immer für Österreich stimme, als Einziger. Ich halte damit eine Tradition hoch. Schon zu Zeiten der Hohenzollern und Habsburger ging es bei der Frage, wer der Hüter der deutschen Sprache ist, um die Wurst. Aber Gott sei Dank haben Würste zwei Enden. So hat jeder sein Ende und jeder hat recht.

Bratwürste, wie Thüringer oder Nürnberger, führen übrigens zu keinen kulturellen Verwerfungen oder gar Kriegen. Diese Würste erfreuen sich diesseits und jenseits des Weißwurst-Äquators großer Beliebtheit, was man nicht für alle regionalen Köstlichkeiten behaupten kann. Schon beim Wort Eisbein läuft es mir eiskalt über den Rücken. An die nördliche Zubereitungsart dieser gekochten Spezialität werden sich weder meine Ohren noch mein Gaumen gewöhnen. Da lobe ich mir die gegrillte österreich-bayrische Variante namens Schweinshaxe oder Stelze, wie die Wiener sie nennen. Dazu ein frisch gezapftes Helles aus Budweis im Wiener Prater. Prost! Mahlzeit!

Aber auch in Berlin fanden Kiki und ich schließlich im „Volver" eine lukullische Heimat, deren Name mich in eine wunderschöne mehrmonatige Auszeit in Andalusien

„zurückkehren" ließ. Maria, der heißblütige Wirbelwind in der Küche, der wunderbare Tapas zaubert. Ihr Mann Michael, der geborene Berliner mit der ausgeprägten Schnauze, den man irgendwann einfach mögen muss. Südspanisches Lebensgefühl garniert mit Berliner Charme-Sahnehäubchen. Heiß-kalt vom Feinsten. Wir lieben es und kommen immer wieder gerne zurück. ¡Volveremos!

Ach ja, da gibt es noch eine kulturelle Eigenart, mit der ich schwer bis gar nicht zurechtkomme und die ein wenig auch mit der „Geiz ist geil"-Mentalität vieler Deutscher zusammenhängt: „Rippchen satt", also „All-you-can-eat", wie wir Österreicher sagen, ist eben auch „geil". Da nimmt man durchaus in Kauf, dass man bibbernd bei 10 Grad Celsius draußen sitzen muss, um sich den Wanst vollzuschlagen. Eine solche „Nahrungsaufnahme" ist nichts für mich, obwohl oder gerade weil es sich um ein Schnäppchen handelt. Da gehe ich nicht mit und mache mich aus Überzeugung unbeliebt bei meinen Kumpeln. Genauso wie es mir bei der Frage „Zusammen oder getrennt?" das Konsumierte im Magen umdreht.

Die Hiobsbotschafterin

Da sitze ich nun, in der klaustrophobischen Enge eines Schulungsraumes eines großen deutschen Konzerns in Kassel. Ich hatte es mit österreichischem Charme und Überredungskunst dorthin geschafft, nachdem ich im noch schmuckloseren Entree dieses Bürohauses bereits zwanzig Minuten wartend verbracht hatte.

Die Nervosität der Anwesenden war greifbar. Hoher Besuch war angesagt. Der CEO höchstselbst hatte sich für eine Stippvisite angekündigt. Er wollte mit dem ICE anreisen. Im Seminarraum herrscht dichtes Gedränge, jeder wollte noch einen Sitzplatz ergattern. Im Urlaub ist das leichter, da kann man die Liege per Handtuch frühmorgens reservieren. Hier funktioniert diese sehr deutsche Angewohnheit nicht. First come, first served, ohne Handtuch. Um Punkt elf Uhr ergreift die junge Moderatorin das Wort mit zitternder Stimme:

„Meine sehr verehrten Damen und Herren! Ich wünsche einen guten Morgen und muss Ihnen zuallererst eine Hiobsbotschaft übermitteln ...“

„Hiob!“, schießt es mir durch den Kopf. Kalte Schauer laufen mir über den Rücken, denn fast zwanzig Jahre katholische Gehirnwäsche haben ihre Spuren hinterlassen. Hiob, ist das nicht der, den Gott mit den schlimmsten Katastrophen, dem schlimmsten Leid bis hin zu schmerzhaften Geschwüren gestraft hatte, um ihn zu prüfen? Ist das nicht der, dem das Alte Testament folgende Worte in den Mund gelegt hat:

„Der Herr hat's gegeben, der Herr hat's genommen, der Name des Herrn sei gelobt."

Oh mein Gott, denk ich mir. War es nicht schon schlimm genug, dass mich heute morgen der Wecker um fünf aus dem Tiefschlaf gerissen hat? Sollte das das Ende vom Anfang sein? Sollte der Profiling-Prozess zu Ende sein, bevor er noch begonnen hat?! Mir wird kalt und warm zugleich. Auf meiner Zugfahrt von Berlin nach Kassel hatten mich die „Breaking News" auf meinem Smartphone kreislauftechnisch befeuert.

„Massaker in Hanau. Mindestens 11 Menschen tot."

Hanau, das ist ja einen Katzensprung von hier.

„Nein, das darf nicht sein, was ich gerade denke."

Und da war noch eine Schlagzeile, deren dramatische Folgen ich damals noch nicht wirklich einschätzen konnte.

„Corona hat Europa erreicht."

Die Moderatorin hat jetzt doch Erbarmen und verwandelt sich von der Hiobsbotschafterin zur Erlöserin.

„Der CEO steckt im Fernverkehr fest. Er ist soeben im Bahnhof angekommen und wird in zehn Minuten hier sein. Trinken Sie einstweilen ein Käffchen, dann kann es losgehen."

Puh, alter Falter! Ich greife sofort zu meiner Jacke, schlüpfe hinein und sprinte hinaus. Jetzt brauche ich Drogen. Ich stecke mir eine Zigarette an. Was war das denn? Wo bin ich hier gestrandet? Was ist denn da los? Der CEO kommt um zehn (!) Minuten zu spät, weil der ICE Verspätung hat. Wann hat er das nicht? DAS soll eine Hiobsbotschaft sein!? Oder war es einfach nur ein Scherz, hessischer Humor, den ich Ösi nicht verstanden habe?

Für mich ist die zehnminütige Verspätung eine gute Nachricht. Nur zehn Minuten, denke ich mir. Aber was soll's, so sind sie eben, die Deutschen. Entweder sie deklinieren irgendwelche Daten und Fakten herunter oder sie vergreifen sich an Metaphern, die vollkommen nach hinten losgehen. Außerdem neigen sie dazu, aus einer Mücke einen Elefanten zu machen, damit das Glas auf jeden Fall halb leer bleibt. Was wäre gewesen, würde ich jetzt in Wien sitzen? Da hätte die Moderatorin sicher einen Schmäh gemacht, die Verspätung umgedeutet und daraus ein volles Glas gemacht. Das hätte etwa so geklungen:

„Meine Damen und Herren! Ich habe eine wunderbare Frohbotschaft für Sie! Der ICE hat heute nur zehn Minuten Verspätung. Das heißt, unser CEO kommt heute zu früh. Da er ja Doktor ist, fällt das unter die akademische Viertelstunde. Elf Uhr cum tempore. Er kommt nach Adam Riese also fünf Minuten zu früh. Nutzen Sie noch schnell die Zeit und trinken Sie einen Mokka, eine Melange, einen Verlängerten, aber bitte kein Käffchen."

Ich bespreche bei der Weiterfahrt diese Anekdote mit dem CEO. Er lacht, entschuldigt sich aber sogleich. Die junge Kollegin musste kurzfristig einspringen, musste das erste Mal eine solche Veranstaltung moderieren und das noch dazu, wenn der Chef dabei ist. Da seien ihr angsthormongetränkt offensichtlich die verbalen Pferde durchgegangen. Wir werden zwei hochinteressante Tage in Frankfurt am Main und in Heidelberg verbringen.

Die Hausbank

Ach, wie praktisch, eine Bank im Haus, dachte ich, als ich mein neues Büro in Berlin erstmals besichtigte. Im Haus Leipziger Platz 5, gleich neben dem Potsdamer Platz wollte ich künftig meine Kunden empfangen. Es war ein geschichtsträchtiger Platz inmitten Berlins. Am Platz vor der Tür stand noch ein Stück deutscher Vergangenheit. Ein kleiner, graffitibesprühter Teil der Berliner Mauer. Ihre Verlängerung schnitt meine Bürofläche fast genau in der Mitte in zwei Teile. Ost-Berlin und West-Berlin nannte ich sie. Ich hatte die „Mauer" im Büro mit Klebestreifen gezogen.

Ich war also in Gotham City gelandet. Mich erinnerte die Szenerie in dieser auf der vormaligen Todeszone entstandenen Büro- und Wohn-Satelliten-Stadt an die Hochhausschluchten, in denen mein Comic-Held für Recht und Ordnung sorgte. Vor allem in der Nacht wartete man jede Minute darauf, dass Batman beim Fenster hereinkommt. Es fühlte sich irgendwie unwirklich an. Also nicht von dieser Welt, besser gesagt von meiner damaligen Welt. Ebenso entwickelte sich auch mein erster Besuch in der Bankfiliale im Haus. Ich hatte der Bank eine gute Nachricht zu überbringen. Ich wollte zwei Konten eröffnen. Ein Privatkonto und ein Firmenkonto. Was mich erwartete, war das glatte Gegenteil dessen, was ich erwartet hatte. Ich ging von der irren Vorstellung aus, dass man mich auf einer Sänfte durch die Bank tragen und mit Komplimenten überschütten würde. So war ich es aus Österreich gewohnt. Zudem hatte die Bank ein mir vertrautes Logo, auch der Name unterschied sich nur durch die Verortung „Berliner ...". Ein Heimspiel, dachte ich.

Also stieß ich voll des Tatendrangs mit einem kräftigen „Guten Tag" die Eingangstür der Filiale auf und blieb hilfesuchend inmitten des großen Raumes stehen. Da stand ich nun und niemand würdigte mich eines Blickes. Die zwei Frauen und ein Mann hatten sich hinter ihren Bildschirmen verschanzt, verloren in den Weiten des Bankkosmos.

„Guten Tag. Ich würde gerne ein Konto, nein zwei Konten, eröffnen. Bin ich hier richtig?"

„Kommt darauf an", erschallt eine weibliche Stimme hinter ihrem PC. „Bitte kommen Sie zu meinem Platz."

Ich legte mich mächtig ins Zeug und warf meinen gesamten österreichischen Charme in die Waagschale. Mein Gegenüber blieb neutral. Soll heißen, dass ich aufgrund der starren Gesichtszüge und eingefrorenen Körperhaltung nicht identifizieren konnte, ob die Dame erfreut, irritiert, genervt oder schlicht überfordert war, wollte ich doch zwei Konten eröffnen. Mittlerweile glaube ich, dass sie meinetwegen irritiert war, saß ihr doch kein Deutscher gegenüber.

„Hm, da muss ich mit der Filialleitung sprechen. Das ist nicht so einfach."

Vollkommen verdattert saß ich da. Habe ich richtig

gehört? Ich sitze hier mit einem Schreiben meiner gleichnamigen österreichischen Hausbank, ausgestattet mit einer taufrischen Bonitätsanalyse, inklusive Zahlen, Daten und Fakten, und ringe nach Luft. Nach einer Weile werde ich von der Filialleiterin in ihr gläsernes Büro geleitet.

„Guten Tag. Ich habe gehört, Sie wollen ein Konto eröffnen. Da gibt es allerdings ein Problem. Sie sind Ausländer. Da ist bei uns das Ausländercenter zuständig."

Ich, selten um ein Bonmot verlegen, verlege mich auf betretenes Schweigen. Ich starre sie an. In meinem Kopf beginnt das Götz-Zitat im Dreieck zu springen. Ich atme tief durch.

„Gnädige Frau, ich bin ein wenig indigniert. Ich sitze hier als Geschäftsführer und Eigentümer einer deutschen Gesellschaft mit beschränkter Haftung, habe das beste Bonitätszeugnis und vor mir liegt ein Pass, auf dem in der ersten Zeile Europäische Union steht. Sie wollen mir jetzt ernsthaft erzählen, dass ich kein Bankkonto eröffnen kann?"

„Ja, das sind unsere Vorschriften. Das ist unsere Firmen-Policy. Ich kann Ihnen aber die Nummer des Ausländer-Kunden-Betreuers geben. Der nimmt sich Ihres Falles an. Dann könnten Sie diese Filiale künftig benutzen."

Im Ausländercenter

Wahrscheinlich war es pure Bequemlichkeit, dass ich trotzdem bei dieser Bank meine Konten eröffnete. So sprach ich also im Ausländercenter im Westen der Stadt vor und ich wurde für kontowürdig erachtet. Das erste Gespräch mit meinem Kundenberater begann ich mit den Worten:

„Guten Tag, keine Angst, ich spreche Deutsch. Bin ich hier richtig im Ausländercenter?"

Auch dieser Mann war, um es höflich zu formulieren, ein wandelndes Formular. Dutzende Unterschriften waren auch zu leisten, als eine Bonitätsprüfung anstand – mein gut gemeinter Hinweis, man könne doch einfach jene der buckligen österreichischen Bankverwandtschaft aufnehmen und auch mein Bankberater in Wien stünde gerne für Fragen zur Verfügung, wurde abgeschmettert. Mir wurde beschieden, dass man dies alles nicht verwenden könne, sie würden ihre eigene, jährliche Bonitätsprüfung machen. In drei Jahren könne man dann weiterreden. Dazu sollte es aber nicht mehr kommen, weil ich kurz davor entnervt alle Konten wieder nach Österreich transferierte. Mir waren die unfassbare Trägheit, Bürokratie und Rückständigkeit schlichtweg zu blöd geworden, aus vielerlei weiteren Gründen.

Eines Tages flattert mir ein Mahnschreiben des Vermieters ins Haus, weil ich meine Miete nicht bezahlt habe. Wie gibt's denn das, ich habe doch einen Einziehungsauftrag. Ich wähle die Nummer meiner Bank, lande in einem Callcenter und verrecke dort. Also fahre ich mit dem Fahrstuhl ins Erdgeschoß in meine Bankfiliale und frage nach. Mittlerweile kennt man mich dort, diesen komischen Außerirdischen, der alles pragmatisch, auf dem kurzen Dienstweg, lösen will. Also sitze ich wieder vor einer Bankangestellten, die sich stirnrunzelnd in ihren Bildschirm vergräbt.

„Ja, da haben wir's. Die Miete wurde deshalb nicht überwiesen, weil Ihr Konto nicht gedeckt war."

„Wie bitte? Mein Konto war nicht gedeckt?"

„Ja, hätten wir die Miete überwiesen, wären Sie mit drei Euro ins Minus gerutscht. Sie haben keinen Überziehungsrahmen."

„Wie bitte? Wegen DREI EURO? Meinen Sie das ernst? Und warum hat mich niemand benachrichtigt?"

„Wir haben Sie benachrichtigt, per Post."

„Wie bitte? Wollen Sie mir ernsthaft erzählen, dass Sie mir einen Brief geschickt haben?"

Die Frau nickt.

„Anstatt mich anzurufen oder eine E-Mail zu schreiben, stecken Sie also, wie vor 500 Jahren, ein Schreiben in ein Kuvert und werfen es in den Postkasten. Dieser Brief wird dann ins Verteilerzentrum nach Potsdam geschickt, dort sortiert, damit er, wenn überhaupt, Tage später zehn Meter Luftlinie von Ihrem Schreibtisch in einem Postfach landet, oder nicht?"

„Ja, tut mir leid, so lautet die Vorschrift. Da machen wir keine Ausnahmen."

Wieder geistert das Götz-Zitat den ganzen Tag in meinem Kopf herum. Schließlich greife ich zum Telefon, um meinen Bewährungshelfer, pardon Ausländerbetreuer, damit zu konfrontieren. Herr H. hebt ab und bestätigt mir das rechtmäßige Vorgehen der Kollegin. Ich, mittlerweile vollends von der Rolle, rede auf ihn ein, ob es nicht – für den unwahrscheinlichen Fall, dass mein Konto wieder im ein- bis zweistelligen Bereich überzogen ist – eine Kulanzregelung geben könne, einen Überziehungsrahmen von hundert Euro etwa. Er verneint, meint aber, dass es vielleicht eine andere Lösung gebe. Also werde ich wieder zig Formulare ausfüllen, damit ich künftig mein Konto um 100 (in Worten: hundert) Euro überziehen kann, oder auch nicht. Viele Monate später ereilt mich der Anruf meines Ausländerbetreuers. Er habe eine gute Nachricht für mich. Mir sei eine Kreditlinie über 10.000 (in Worten: zehntausend) Euro genehmigt worden, dafür müsste ich aber eine Bürgschaft oder Hypothek hinterlegen. Ich bin gerade beruflich in Wien, also auf einem anderen Planeten, als mich dieser Anruf ereilt. Jetzt platzt mir der Kragen und ich brülle ins Telefon:

„Ich will und brauche keinen Kredit. Ich wollte lediglich ein Entgegenkommen meiner Hausbank. Ist das so schwierig zu verstehen? Ich möchte bitte Ihren Chef sprechen!"

Nach langem Hin und Her wird mich ein paar Tage später der Chef-Ausländerbetreuer anrufen und mir mal eine Belehrung zuteilwerden lassen, wie man sich in Deutschland zu benehmen hat. Irgendwann wird es mir zu bunt.

„Entschuldigung, ich hätte da eine Frage. Bin ich der Kunde oder Sie?"

„Ich verstehe Ihre Frage nicht."

„Das habe ich befürchtet. Bitte betrachten Sie unsere Geschäftsbeziehung als beendet. Und grüßen Sie mir bitte die Frau Gemahlin. Habe die Ehre."

Die deutsch-nationale EC-Karte

Ich hatte nach all dem die Nase voll von deutschen Banken, also kehrte ich voll und ganz in den Schoß meiner Wiener Bank zurück. Wir leben in der EU, ich brauche Kredit- und EC-Karten, also alles kein Problem, sagte mir mein österreichischer Filialleiter. Was wir beide nicht wussten, ist, dass EC-Karten eine Nationalität haben, allerdings nur in Deutschland. Ich hatte auf allen Kontinenten, in den hintersten Winkeln der Welt, von Neuseeland bis Kamtschatka in Russland, von Namibia bis Myanmar, von Peru bis Kanada, von Portugal bis in der tiefsten Türkei niemals Probleme, mit meiner EC-Karte zu bezahlen.

Ganz anders ist das in Berlin, Wiesbaden, Stuttgart oder sonst wo in Deutschland im dritten Jahrtausend. Warum, werden Sie sich fragen? Weil meine EC-Karte plötzlich nicht mehr deutsch, sondern österreichisch war. Das gibt's ja nicht, höre ich immer. Doch, das gibt's. Am Anfang war auch ich fassungslos, mittlerweile machen meine Frau und ich uns einen Spaß daraus. Deutschland, in geringerem Ausmaß Österreich, hat sowieso eine mehr als skeptische Haltung zu „Plastikgeld". Frei nach dem Motto „Nur Bares ist Wahres" werden Karten aller Couleurs mit Argwohn betrachtet und höchst widerwillig akzeptiert.

In Berlin-Mitte, also im Touristenhotspot, signalisieren Schilder am Eingang fast aller Restaurants, dass Kreditkarten nicht akzeptiert und nur EC-Karten angenommen werden. So begibt es sich, dass es beim Zahlen zum immer wiederkehrenden Gespräch kommt.

„Hm, Ihre Karte funktioniert nicht."

„Das kann nicht sein, ich habe gerade damit eingekauft und am Konto ist auch genug."

„Ist das eine deutsche EC-Karte?"

„Was ist eine deutsche EC-Karte?"

„Na ja, eine Karte bei einer deutschen Bank."

„Nein, ist sie nicht. Es ist eine EC-Karte einer österreichischen Bank."

„Wir nehmen leider nur deutsche EC-Karten."

„Sie haben aber am Eingang stehen, dass Sie EC-Karten akzeptieren."

„Ja, aber eben nur deutsche EC-Karten."

„Dann müssen Sie aber draufschreiben, dass Sie nur deutsche EC-Karten akzeptieren. Die kennt man sonst nirgendwo auf der Welt."

„Ja, ich weiß. Sie sind nicht der Einzige, der sich beschwert."

Meistens folgt dann eine genaue Anleitung, wo der nächste Geldautomat steht, an dem ich abheben könne, um bar zu bezahlen …

Der Liquidator

Ich hatte einen coolen Steuerberater in Berlin gefunden. Ein Frankfurter, den es nach dem Mauerfall nach Berlin verschlagen hatte und der jetzt eine große Steuerberatungskanzlei sein Eigen nannte. Wir verstanden uns von Anfang an gut. Bei jeder Besprechung, egal ob bei ihm oder bei mir, wurde am späten Nachmittag eine gute Flasche Rotwein geöffnet. Nach dem Pflichtprogramm drehten sich die Gespräche um Wein, Weib und Gesang. Und Fußball. Er war glühender Eintracht-Frankfurt-Fan. Mein Herz schlug schon damals für Union Berlin, was ich sogar auf dem Aufdruck meiner EC-Karte zum Ausdruck brachte, solange ich noch eine deutsche EC-Karte hatte.

Seine Mitarbeiter und Mitarbeiterinnen waren immer freundlich und bemüht. Meist aber mit meinen Fragen und Bitten überfordert. Ich bat sie nämlich immer, an die schönen deutschen Wälder zu denken. Ich mokierte mich über gefühlte Tonnen Papier, die monatlich in meinem Büro landeten, und bat mehrmals eindringlich, dass mir eine E-Mail reiche. Es funktionierte meist nur einmal, beim nächsten Mal schon nicht mehr. Irgendwann gab ich auf. Was aber meistens klappte, waren Fragen an mich per E-Mail, die ich meistens mit der Antwort quittierte:

„Sie sind die Steuerberaterin/Buchhalterin, Sie müssen mir das beantworten, nicht umgekehrt.“

So fremdelte ich Jahr um Jahr mit den absurden technokratischen und bürokratischen Vorgaben, deren Sinn mir niemand erläutern konnte. So begab es sich, dass mir mein Wiener Steuerberater die Frohbotschaft überbrachte, dass in Österreich die Steuerunterlagen künftig nur noch digital aufbewahrt werden mussten. In Deutschland hatten sich in den vergangenen Jahren mittlerweile Dutzende Aktenordner angesammelt.

Als ich das meinem deutschen Steuerberater erzählte, war er bass erstaunt.

„Ernsthaft? Das ist in Deutschland unvorstellbar, zumindest solange ich noch lebe. Ich hoffe, ich lebe noch lange."

Wir machten uns über die Unfassbarkeiten der deutschen Bürokratie, der Zettelwirtschaft und vieles mehr lustig. Schließlich rutschte mir die Frage heraus, die mir schon lange unter den Nägeln brannte.

„Warum brauche ich eigentlich, bei all dem Wahnsinn, eine deutsche Firma? Sagen Sie mir einen Grund."

„Es gibt keinen. Eher im Gegenteil, Sie ersparen sich viel Geld, Zeit und Nerven, wenn Sie das Deutschland-Geschäft über Ihre Wiener Firma laufen lassen. Sie müssen die Firma hier nur auflösen."

Warum war ich nicht schon früher darauf gekommen? Also pilgerte ich zu meinem Notar am Kurfürstendamm, um meine deutsche Firma zu liquidieren. Ja, so heißt das. Und nicht nur das. Der Notar eröffnete mir auch, dass ich für die Zeit, bis die Firma aus dem Firmenbuch getilgt werde, also für circa ein Jahr, als Liquidator fungiere.

„Heißt das also, dass meine neue Berufsbezeichnung Liquidator ist?"

„Das ist korrekt. Das müssen Sie auch bei jedem Schriftverkehr so angeben und auch so unterfertigen."

„Wie geil ist das denn!", schoss es aus mir heraus.

„Ich danke Ihnen von Herzen, das ist die coolste Berufsbezeichnung, die ich bisher hatte."

Grinsend saß ich in der S-Bahn Richtung Osten. Was ich nicht schon alles war, ging es mir durch den Kopf. Redakteur, Chef vom Dienst, Ressortleiter, Sendungsverantwortlicher, Senior-Berater und Coach, Head of Campaign, geschäftsführender Gesellschafter, Universitätslektor, Universitätsdozent etc. Alles nicht schlecht. Aber Liquidator, das ist schon etwas Besonderes. Ich genoss das Jahr als Liquidator, speziell wenn ich offizielle Schriftstücke unterschrieb, es floss mir einfach leicht von der Hand.

Ordnung muss sein

Dass das mit den Titeln in Deutschland auch nicht ganz wurscht ist, werde ich am Ordnungsamt Berlin-Mitte erfahren. Als ich den Begriff Ordnungsamt das erste Mal hörte, zuckte ich zusammen. Für österreichische Ohren ist er anfangs fremd bis befremdlich. Das liegt wohl an der Mentalität, erledigt man in Österreich seine Amtsgeschäfte doch am Bezirks- oder Gemeindeamt. Und so passiert es mir in Österreich regelmäßig, dass Menschen, wenn ich ihnen meine Erlebnisse mit dem Ordnungsamt erzähle, zu lachen beginnen, und das, obwohl in Wien etwa „Park-Sheriffs" ihr Unwesen treiben. Das ist typisch deutsch, sagen sie. Ordnung muss sein. Zum Lachen ist einem aber nicht, wenn man im Ordnungsamt Mitte von Berlin in der Karl-Marx-Allee vorstellig werden muss.

Im „roten Wien" war ich verwöhnt, nur ist mir das erst in Berlin richtig bewusst geworden. Verzieht man in Wien, geht man auf das zuständige Bezirksamt, füllt einen Meldezettel aus, damit ist die Sache erledigt. Oder man macht es sich ganz einfach und meldet sich digital um. In Berlin meldet man sich telefonisch oder (wenn es funktioniert) digital an, um einen Termin zu ergattern, der in eineinhalb bis zwei Monaten stattfindet. Man bekommt eine Nummer und ein zehnminütiges Zeitfenster. Reißt man den Termin oder kommt zu spät: Pech gehabt. Dann geht das Prozedere von vorne los. Also musste ich mich dieser Anmeldekultur unterwerfen. Der Tag meiner ersten Anmeldung war gekommen. Nummer 10789. Ich sitze inmitten eines babylonischen Sprachengewirrs im Warteraum. An der Wand flimmern rote Zahlen auf. Es ist ein Kommen und Gehen. Endlich die 10789, Schalter 52. Ich bin an der Reihe. Ich gehe den Gang entlang, einen schier endlosen Gang. Rechter Hand mannshohe Fenster, die den Blick ins nebelige, triste Berlin öffnen. Linker Hand schreibtischbreite Kojen, die von eins bis hundert durchnummeriert sind. Die Delinquenten sitzen mit dem Rücken zum Gang unter den strengen Blicken der hauptsächlich weiblichen Ordnungshüterinnen.

Ich war, ganz gegen meine Gewohnheit, bestens ausgerüstet. Ich hatte meine Dokumentenmappe mit allem bestückt, was Staatsbürokratie zu bieten hat. Von der Staatsbürgerurkunde über den Geburtsschein bis hin zum penibel ausgefüllten Meldezettel. Mir konnte also nichts passieren. Alles in Ordnung, dachte ich.

„Guten Tag.“

„Tach. Worum geht's?“

„Ich möchte mich gerne in Berlin anmelden. Ich bin von Wien hierhergezogen.“

„Selbst schuld. Sie werden das noch bereuen.“

Irgendwie war mir diese Frau mit ihrer ausgeprägten Berliner Schnauze sympathisch. Ob dies auf Gegenseitigkeit beruhte, weiß ich bis heute nicht. Die Frau verzog einfach nicht ein Mal die Miene, außer ein einziges Mal, als sie meinen Meldezettel begutachtete und mit den Angaben im Reisepass verglich.

„Da fehlt etwas. In Ihrem Reisepass haben Sie einen Doktor. Der ist hier nicht angegeben."

„Entschuldigung, das wusste ich nicht."

„Jetzt wissen Sie es. Der Titel ist Teil Ihres Namens. Der hat angegeben zu werden."

Nach dieser eindrücklichen Belehrung war der schlimme Teil erledigt, hatte ich doch meine Hausaufgaben ansonsten gut gemacht. Also trottete ich um eine oder mehrere Erkenntnisse reicher davon. Auch jene, dass Menschenhaltung in Legebatterien nicht zu glücklichen Menschen führt. Ich hoffte, nie wieder hierher zu müssen. Zwei weitere Male sollten zwei Jahre später folgen.

Der geschiedene Gescheiterte

In der Zwischenzeit wurde meine erste Ehe am Bezirksgericht Wien-Josefstadt einvernehmlich und kurz und schmerzlos geschieden. Für mich war damit auch die bürokratische Trennung vollzogen, bis ich wegen einer Ummeldung wieder in der Karl-Marx-Allee aufschlug. Selbe Prozedur wie immer und so wartete ich, bis nach zweimonatiger Wartezeit meine Nummer einer Legebatterie zugeordnet wurde, diesmal war es die 77. So trottete ich wieder an Dutzenden Legemenschen vorbei, bis ich bei einer Dame landete, deren Gesichtszüge nichts Gutes vermuten ließen.

„Guten Tag. Ich möchte mich bitte ummelden."

Die Frau blättert in meinen Unterlagen.

„Familienstand?"

„Ledig."

„Sie lügen!"

„Wie? Warum lüge ich?"

„In meinen Unterlagen sind Sie verheiratet."

„Ich bin aber mittlerweile geschieden."

„Dann können Sie nie wieder ledig sein. Ihr Familienstand ist damit geschieden."

Wie verdattert saß ich da. War es die Art und Weise dieser rüden Ermahnung oder war es die Endgültigkeit der Aussage, nie wieder ledig sein zu dürfen?

„Haben Sie die Scheidungsurkunde bei?"

„Nein. Ich möchte mich ja nur ummelden, wozu brauche ich da eine Scheidungsurkunde?"

„Weil ich Sie ansonsten nicht ummelden kann."

Jetzt war ich wieder verdattert, aber gleichzeitig schossen mir alle Hormone gleichzeitig durch den Körper. Ich entschloss mich hormongetränkt zu einer Charmeoffensive. Ich packte alles aus, was ich im Köcher hatte, und schließlich traf ein Pfeil ins Schwarze. Dieser oberflächliche Betonblock ließ sich erweichen und gestand mir den neuen Meldezettel zu. Dies aber unter der Bedingung, mir sofort einen Termin beim Bezirksamt geben zu lassen, um meinen neuen Familienstand „geschieden" eintragen zu lassen.

Dieses Wort „geschieden" begleitete mich den gesamten Heimweg. Dies klingt so nach endgültig oder, noch viel schlimmer, nach gescheitert. Soll ich jetzt mein restliches Leben mit dem Brandzeichen „gescheitert" herumlaufen? Hatte meine Mutter doch recht, dass ich nichts zustande bringe und ein Verlierer bin? Ich wollte doch endlich wieder ledig sein, frei sein. Und jetzt das! Nie wieder frei, dafür aber lebenslang zum Loser abgestempelt. Irgendwie fiel schon damals die Entscheidung, nicht geschieden aus dem Leben scheiden zu wollen. Bald werden sich diese Gedanken in Gelächter auflösen. Pflichtbewusst habe ich mich telefonisch angemeldet, um endlich auch in Berlin das Prädikat „geschieden" zu tragen. Wie sich herausstellt, sind Bezirksamt und Ordnungsamt ident. Ich weiß also Bescheid und schlenze zu der mir zugewiesenen Box.

Ich traue meinen Augen nicht. Sie ist es wahrhaftig. Es ist ein und dieselbe Frau, der ich diesen Termin zu verdanken habe. Sie hebt ihre Augenbrauen und kommt zur Sache.

„Was steht an?"

„Ich möchte meinen Familienstand ändern lassen."

„Warum sind Sie dann da? Wer hat Sie hierhergeschickt?"

„Sie, gnädige Frau."

Ich kann mir das Grinsen nicht verkneifen. Jetzt erst setzt sie sich aufrecht hin und kneift die Augen zusammen. Wir beginnen beide zu grinsen. Nach kleinen kurzen Wortgefechten – Wiener Schmäh gegen Berliner Schnauze – erhebt sich die Beamtin. Sie überreicht mir die Unterlagen und sagt in feierlichem Tonfall:

„Hiermit sind Sie auch offiziell geschieden. Herzliche Gratulation."

„Ick freue mir!", antworte ich lächelnd und denke mir: „Geht doch. Auch Deutsche sind Menschen."

Heiraten und sterben in Berlin

Also lief ich jetzt mit dem Prädikat „geschieden" durchs Leben, als amtlich bestätigter Gescheiterter. Aber das Schicksal hatte es gut mit mir gemeint. Aus einer rauschenden Ballnacht in Hannover wurde eine Affäre wurde eine Fernbeziehung wurde eine Beziehung mit einem gemeinsamen Wohnsitz. Zwei Geschiedene, also zwei Gescheiterte, gaben nicht auf und trauten sich noch mal, sich trauen zu lassen. So steuerten wir nach wilden Ehejahren den wirklichen Hafen der Ehe an. Bis wir aber den Anker werfen konnten, mussten wir durch stürmische See und durch unbekannte, schwer befahrbare Amtsgewässer schippern.

Aus Kiki wurde Frau Dr. Moser, so viel Zeit muss sein. Klingt einfach, ist es aber nicht. Wir hatten uns entschieden, in Berlin zu heiraten, weil wir dort lebten. Wir hatten pragmatisch entschieden. Wir wollten einfach heiraten, „quick and dirty", vor allem aber schnell und ohne großes Tamtam. Wie man sich nur täuschen kann. Wir hatten einiges, besser gesagt vieles oder noch besser gesagt einfach alles unterschätzt. Und so wieherte der Amtsschimmel.

Kiki wusste, dass es an ihr lag, selbigen zu zähmen. Ich verliere bei Bürokraten die Nerven und den Verstand. Also legte sie los, fand auf der Homepage die angegebenen Bürozeiten und wählte die Nummer des Standesamtes. Und wählte und wählte und wählte und

wählte und wählte und wählte und wählte und wählte ...
Es war einfach kein Durchkommen, wochenlang. Also
verletzte sie die Vorschriften, um die Vorschriften für ein
Aufgebot zu erfragen. Sie rief außerhalb der Bürozeiten
an. Siehe da, es klappte: Es ging tatsächlich ein Mensch
ran, nicht nur das, eine Frau, eine sehr nette und
freundliche Frau. Sie gab bereitwillig Auskunft, was so
alles zu besorgen sei, gab aber gleich zu bedenken, dass
es schwierig werde, weil es sich ja um eine „Hochzeit mit
Ausländerbeteiligung" handeln würde. Der Ausländer
bin ich, und damit wird es kompliziert. Die Korrektheit
hat Kiki mit der hannoverschen Muttermilch aufgesogen,
so schrieb sie penibel mit, um ja nichts zu vergessen.

*Aktuelle beglaubigte Abschrift bzw. Registerausdruck mit
Hinweisen/Hinweisteil des Geburtsregisters (nicht älter als
6 Monate)*

*Aktuell beglaubigte Abschrift des Ehe- oder Lebenspartner-
schaftsregisters der letzten Ehe oder Lebenspartnerschaft,
mit Vermerk über die Scheidung bzw. Aufhebung*

*Geeignete Nachweise über die Auflösung aller Vorehen
oder Lebenspartnerschaften*

*Erweiterte Meldebescheinigung mit Angaben zum
Familienstand (nicht älter als 14 Tage)*

Ehefähigkeitszeugnis

Eheschließung mit Auslandsbeteiligung

Und so weiter und so fort. Was wir auch erfuhren, war,

dass wir nicht irgendwo in Berlin heiraten durften, sondern ausschließlich in Berlin-Mitte, da dort unser Hauptwohnsitz war. Um den Termin für das Aufgebot zu machen, müssten möglichst viele Unterlagen mitgebracht werden. Also machten wir uns auf die Reise, um irgendwelche behördliche Schriftstücke, von deren Existenz wir zuvor nichts geahnt hatten, zwischen Hannover und Wien einzusammeln. Den Anfang machte Kiki. Sie verlängerte einen Besuch bei ihrer Mutter um einen Tag, um am nächsten Morgen gleich als Erste dranzukommen.

Das schaffte sie auch. Und sie hatte es auch geschafft, alle Unterlagen beizubringen, wie es im Beamtendeutsch so schön heißt. Die Beamtin schickte sie in die erste Etage zum Bezahlen, in der Zwischenzeit würden die Urkunden angefordert. Am Schalter angekommen, kam der erste Rückschlag. Der Terminal für die EC-Karten funktionierte nicht. Blöd nur, dass man doch am Amt nur noch mit EC-Karten bezahlen kann. Bares ist dort verpönt. Auch das ist Deutschland.

Also eine Etage tiefer, um den Vorfall zu melden. Aber auch da ging nichts mehr. Bei einer Baustelle war eines der hochmodernen Kupferkabel von einer Baggerschaufel durchtrennt worden. Kiki war den Tränen nahe. Auch das noch! Sie wurde vertröstet, dass alle Unterlagen per Nachnahme zugestellt würden. Und siehe da, das Wunder geschah. Wenige Tage später klingelte der Postbote.

Als Nächstes war das Standesamt in Wien dran, dort, wo ich schon einmal geheiratet hatte. Mit einem Stapel Unterlagen sprechen wir vor. Es ist alles da, bis auf das Ehefähigkeitszeugnis. Hierfür müsse ich mir einen neuen Termin geben lassen. Kiki merkt, dass mein Kopf errötet, und nimmt mich am Arm, damit ich nicht explodiere. Ich entsinne mich meiner Herkunft und packe all meinen Charme aus. Es gelingt, der Beamte lenkt ein und spricht beim zuständigen Standesbeamten vor. Der bittet außertourlich in sein Büro. Nach einer kurzen Begrüßung studiert er die Papiere.

„Aha, Berlin. Müssen Sie unbedingt in Berlin heiraten?! Es gibt so viele schöne Städte und Orte in Deutschland und der ganzen Welt. Warum ausgerechnet Berlin!?"

„Weil wir in Berlin leben, wollten wir es uns einfach machen."

„Aber mir machen Sie es alles andere als einfach."

„Würde es einfacher sein, in Wien zu heiraten? Uns ist es wurscht."

„Das hilft leider auch nicht. Dann ist es genauso kompliziert. Sobald die Preußen die Hand im Spiel haben, geht gar nichts einfach. Aber wissen Sie was, hier haben Sie meine Nummer und meine E-Mail-Adresse. Sollte es Probleme geben, melden Sie sich einfach."

Ach, du mein hassgeliebtes Wien, dachte ich mir, zusehends fehlst du mir. Auch Kiki war ob der Hilfsbereitschaft beeindruckt und begab sich mit einem Stapel gestempelten Papiers ins Standesamt Berlin-Mitte, um das Aufgebot zu bestellen. Die Standesbeamtin studiert die Unterlagen und nickt.

„Ich bin tief beeindruckt. Da waren Sie wirklich fleißig. Scheint alles da zu sein ... Allerdings sehe ich da gerade, dass doch noch etwas fehlt. Der Kollege in Wien hat vergessen, Ihre Ehefähigkeit zu prüfen. Er hat die Scheidung nicht eingetragen. Das sollte der Kollege schon wissen, das hätte er sogar wissen müssen. Das müssen Sie nachreichen.“

Kiki entsinnt sich des Angebots des Wiener Standesbeamten und greift zum Telefon. Sie schildert das Problem, das für ihn keines ist.

„So ein Blödsinn, was die Berliner Kollegin da schwadro- oniert. Das ergibt sich ja aus der Scheidungsurkunde. Was ich Ihnen gesagt habe, typisch Berlin, typisch Korinthenkacker. Ich schicke Ihnen die gewünschte Urkunde per E-Mail und wünsche Ihnen, dass Sie trotz Berliner Bürokratie heiraten können. Alles Gute!“

Man kann das Verhältnis zwischen preußischer und kakanischer Bürokratie durchaus als Hassliebe bezeichnen. Wobei es bei der Liebe noch sehr viel Luft nach oben gibt. Sei's drum. Die Hochzeit ging nach dieser schweißtreibenden Zeit bei Höchsttemperaturen von achtunddreißig Grad Außentemperatur und mehr als fünfzig Grad Innentemperatur dann doch über die Bühne, im Schweiße unseres Angesichts, meine Tochter kann es bezeugen.

Letzte Un-Ruhe

Meine Schwiegermutter Gerti freute sich sehr, dass sie wieder einen Schwiegersohn hatte. Wir verstanden uns von Anfang an sehr gut, schöpften wir doch beide aus dem gleichen schwarzen Humorteich. Doch nicht lange nach unserer Hoch-Zeit kam die Tief-Zeit. Gerti ging es gesundheitlich immer schlechter. Krankenhausaufenthalte verschlimmerten ihren Zustand, sie spuckte Blut, verlor stark an Gewicht. Schließlich brachten wir sie in ein anderes Krankenhaus in Hannover. Dort erhielten wir dann die niederschmetternde Diagnose: Lungenkrebs in fortgeschrittenem Stadium.

„Wie kann das sein?", fragte Kiki den Oberarzt.

„Meine Mutter war doch ständig in Spitalsbehandlung und wurde durchuntersucht. Ein solch riesiges Krebsgeschwür wächst ja nicht von heute auf morgen!"

„Ja, ich kann mir das auch nicht erklären. Aber aus den Unterlagen ist ersichtlich, dass auf das Röntgen vergessen worden ist. Es tut mir leid."

Ein PID-Effekt vom Feinsten, kalte Schauer liefen über meinen Rücken, mein Magen krampfte sich zusammen, ich musste mal an die frische Luft. Was soll man tun? Die Ärzte teeren, federn und steinigen? Oder klagen? Das macht Gerti auch nicht wieder gesund. Jetzt geht es darum, das Beste daraus zu machen und ihr noch ein paar schöne Monate in unserer Nähe zu gönnen.

Gerti, die auf eine weitere Chemotherapie verzichtet hatte, stimmte zu und Kiki machte sich in Berlin auf die Suche nach einem Pflegeheim. Trüffelschwein, wie sie ist, schaffte sie das schier Unmögliche. Sie bekam nach wenigen Wochen die Zusage von zwei (!) Pflegeheimen. Wir entschieden uns für jenes in Berlin-Pankow. Kiki besuchte und versorgte ihre Mutter. Gerti hatte meine Tochter schon lange davor als Oma in die Arme geschlossen und umgekehrt. Nach einem halben Jahr wurde Gerti erlöst und verstarb schmerzfrei.

Gerti hatte nur zwei Wünsche geäußert. Sie wolle erstens in Hannover-Badenstedt, wo sie geboren wurde und mehr als achtzig Jahre gelebt hatte, beerdigt werden, und zweitens in einem anonymen Grab. Diese Wünsche wollten wir ihr gerne erfüllen und so gingen wir zum Bestattungsunternehmen in Pankow, unweit des Pflegeheims. Eine sehr professionelle und humorvolle Bestatterin nahm uns in Empfang. Sie brachte uns mit ihrer charmanten Berliner Schnauze (klingt nach Widerspruch in sich, ist es aber nicht) mit ihren Geschichten zum Lachen. Auch gab sie uns das Gefühl, das alles in Gertis Sinne zu schupfen.

„Ack, wissen Sie, was mir alles schon passiert ist. Was da für Vollpfosten in den Amtsstuben rumsitzen und irgendeinen Schwachsinn von sich geben, Sie werden es nicht glooben. Ick bin selbst Juristin und damit können mir die alle kein U für ein O verkoofen. Da war ick doch kürzlich mit einer älteren Witwe, die ihre Beerdigung im Vorfeld regeln wollte, beim Standesamt. Sitzt da so eine junge Tusse, keine Ahnung vom Tuten und Blasen, und redet einen Schwachsinn, dass selbst ick beinahe vom Stuhl gefallen wäre."

„Wie ist Ihr Familienstand?"

„Verwitwet."

„Wo ist Ihr Mann?"

„Der ist 1944 gefallen."

„Na, wenn er gefallen ist und wieder gesund ist, dann soll er aufstehen und hierherkommen."

Betretenes Schweigen. Die Bestatterin interveniert als Geschichtslehrerin.

„Hallo, geht's noch? GEFALLEN. 1944! Klingelt's?"

„Nö, ich weiß nicht, was Sie meinen."

„Selbst wenn man sich in der Schule von Geschichte ab-gemeldet hat, sollte man vielleicht wissen, was zwischen 1939 und 1945 los war und dass Millionen Soldaten gefallen sind. Das heißt, die sind TOT. Auch der Ehemann von Frau U. ist seit 1944 TOT, ich buchstabiere: T. O. T.!"

„Aha, dann kann er wohl nicht kommen."

„Jupp, geht doch!"

Was sie uns damit sagen wollte, war, dass sie praktisch

alles erlebt hatte und nichts sie so schnell aus der Bahn werfen konnte. Sie gab uns ein gutes Gefühl. Wir bräuchten uns um nichts kümmern. Sie würde die Einäscherung sofort checken und gleich in Hannover anrufen, damit wir bald den Beerdigungstermin festmachen könnten. Fünf Tage später klingelt das Handy meiner Frau.

„Hallo Frau Moser, sitzen Sie? Was ich Ihnen jetzt erzähle, macht mich fassungs- und sprachlos gleichzeitig. Das oder so etwas Ähnliches ist mir noch nie passiert. Und noch schlimmer, ich habe nicht einmal im Entferntesten daran geglaubt, dass es so etwas geben kann, Um es kurz zu machen: Die Friedhofsverwaltung Hannover weigert sich, Ihre Mutter zu beerdigen, weil sie keinen Haupt-wohnsitz in Hannover hat."

„Ja, aber meine Mutter hat doch einundachtzig Jahre in Hannover gelebt, war gemeldet, ist in Hannover geboren. Sie ist doch nur die letzten sechs Monate zur Pflege zu uns nach Berlin gekommen."

„Das habe ich der Dame am anderen Ende der Leitung auch sehr deutlich und nachdrücklich klargemacht. Geholfen hat es vorerst nichts. Sie hat mir gesagt, dass sei die Bestimmung und hier würden keine Ausnahmen gemacht. Ich mache weiter Druck. Sie schreiben bitte ein Bittgesuch an die Friedhofsverwaltung. Ich hake weiter nach. Ich kann es immer noch nicht glauben. Wahnsinn."

Jetzt begann das lange Warten. Zuerst einmal auf die Sterbeurkunde aus Berlin, damit Gerti eingeäschert werden konnte. Nach drei Wochen im Eis konnte der Leichnam schließlich dem Feuer übergeben werden.

Drei Tage später kam dann endlich das erlösende Schreiben aus Hannover, in dem uns mitgeteilt wurde, dass in diesem Falle eine große Ausnahme gemacht worden wäre. Bla, bla, bla. Unsere Bestatterin quittierte die Vorgänge in ihrer Berliner Art.

„Hannover schlägt Berlin in Schwachsinn und Empathie-losigkeit. Das ist ne Leistung! Ich verstehe das überhaupt nicht. Hier in Berlin müssen wir alle unter die Erde bringen."

Wir konnten meiner Schwiegermutter schließlich am Familienfriedhof in Hannover, fünf Wochen nach ihrem Tode, die letzte Ehre erweisen.

Wein zum Weinen

Manchmal muss man sich etwas gönnen. Das tun Kiki und ich ab und an, so auch in der Zeit nach Weihnachten. „Ach, lass uns an die Ostsee fahren." Gesagt, getan. Für zwei Nächte buchten wir ein funkelnagelneues, hochstylisches und schweineteures Hotel auf Rügen. Alles in Schwarz eingerichtet. Ich hatte einfach Lust auf ein gutes, kräftiges Glas Rotwein. Wir begaben uns in die Hotelbar und sahen schwarz. Es war alles schwarz, die Wände, die Tische, die Sessel, einfach alles. Selbst die Kellnerinnen und Kellner waren schwarz gekleidet und so huschten schwarze Gestalten vor schwarzem Hintergrund an uns vorbei. Das eine ganze Weile lang, wir schafften es einfach nicht, uns ins Rampenlicht zu rücken, um wahrgenommen zu werden. Schließlich stürmte ein schwarzer Mann mit einem Tablett auf uns zu.

„Hier, Ihre beiden Bierchen."

„Äh, Entschuldigung, aber wir haben noch gar nicht bestellt, hätten aber gerne bestellt, allerdings keine Biere."

Der Kellner entschuldigte sich verwirrt, sein Kollege würde gleich kommen, um die Bestellung aufzunehmen. Weitere endlos erscheinende Minuten vergingen, bis der Kollege aus dem Dunkel in Erscheinung trat.

„Wir hätten gern ein wirklich schönes, kräftiges Glas Rotwein."

„Ja, da haben wir wirklich eine ausgezeichnete Auswahl deutscher Weine. Begonnen in Rheinhessen über …"

„Stopp. Alles gut. Ich hätte gerne ein schönes, kräftiges Glas Rotwein. Portugiese, Spanier, Italiener, Franzose, ist mir egal, Hauptsache schön und kräftig."

„Wir führen aber nur deutsche Rotweine."

„Ist das Ihr Ernst? Ihr Deutschen könnt wirklich viel, Autos bauen, Maschinen bauen, Schiffe bauen und was weiß Gott noch alles. Ja, ihr macht auch hervorragende Weißweine, ich liebe deutschen Riesling. Aber wenn ihr eines nicht könnt, dann Rotweine, tut mir leid. Sie werden doch in einem Fünf-Sterne-Kasten irgendeine Flasche Rotwein im Keller stehen haben, die nicht aus Deutschland stammt!"

„Tut mir leid. Es ist leider so, unser Chef wünscht das so."

„Dann richten Sie bitte Ihrem Chef aus, dass er diese Entscheidung dringend überdenken sollte."

„Das machen wir fast täglich. Sie sind nicht der einzige Gast, der sich beschwert. Der Chef bleibt aber bei seiner Meinung."

„Nun gut, wenn Ihr Chef die Worte Deutsch und Rotweine in einem Atemzug so gerne hat, dann gebe ich ihm einen Weintipp. Rotweine aus Deutschkreutz sind sehr empfehlenswert, auch wenn sie nicht auf deutschem Staatsgebiet angebaut werden. Deutschkreutz liegt nämlich im Burgenland, Österreich."

„Hm, interessant. Werde ich weiterleiten."

„O.k., ich gebe auf. Zwei Gin-Tonic bitte. Der Gin kann auch aus Deutschland sein, Gin machen könnt ihr auch."

Wir beide schüttelten nur den Kopf. „Ostsee und Rotwein, das passt irgendwie nicht zusammen", raunt mir Kiki zu und erinnert mich an unser Erlebnis zwei Jahre davor, weiter westlich in Ahrenshoop. Wir hatten uns kurzfristig entschieden, nach Sylvester noch kurz Meerluft zu schnuppern, und mieteten uns in der letzten Woche vor der Winterschließung in einer Frühstückspension ein.

Es war gar nicht mehr so leicht, einen Tisch zu reservieren, wir schafften es dennoch in einem netten Restaurant. Wieder ist mir nach endlosen Spaziergängen über den vereisten Strand nach einem guten Glas Rotwein, was ich dem Kellner mitteile. Er bringt uns eine gut bestückte Weinkarte mit Angeboten aus fast allen Kontinenten.

„Herr Ober, mich überfordert das intellektuell vollkommen. Da steht einfach viel zu viel drin. Können Sie mir eine Empfehlung geben?"

„Also, na klar. Ich kann Ihnen meinen Lieblingsitaliener empfehlen. Der ist vom Feinsten. Cabernet Sauvignon."

„Hm, Cabernet ist eher untypisch für Italien. Aus welchem Gebiet kommt er? Toskana, Piemont?"

„Hm, das weiß ich jetzt nicht, da müsste ich nachgucken."

„Ach, lassen Sie es. Ich vertraue Ihnen!"

Nach fünf Minuten bringt uns der Kellner stolz seinen italienischen Schatz, den er aus dem Keller geholt hat, und präsentiert die Flasche. Ich schiebe mir meine Lesebrille auf die Nase und beginne das Etikett abzuscannen.

„Perez Cruz Reserva. Cabernet Sauvignon 2014. Chile."

„Ah, Ihr Italiener ist aus Chile."

„Ja, genau. Mir ist der Name nicht eingefallen."

Wir speisen köstlich und auch der italienische Chilene mundet. Der nette Kellner fragt höflich, ob alles passe, besonders der Wein. Wir bejahen und bitten um die Rechnung. Ich gebe ihm ein schönes Trinkgeld, bitte ihn aber kurz, mir sein Ohr zu schenken, in das ich ihm leise flüstere:

„Ich möchte Ihnen nur einen Tipp geben, der Ihnen bei Ihren nächsten Gästen möglicherweise behilflich sein kann. Chile liegt in Südamerika, einige tausend Seemeilen von Italien entfernt. Der Wein ist wirklich empfehlens-wert. Er kommt aber nicht aus Italien, sondern aus Chile."

Der Kellner bedankt sich mehrmals und begleitet uns zum Ausgang. Mit einem italo-chilenischen Rausch wanken wir durch das verschneite Dorf, um eine weitere Erfahrung reicher.

Die hanseatische Sperrstunde

Wir hatten uns wieder etwas gegönnt. Noch weiter westlich, in Hamburg. Ausgerechnet einen Tag nach unserer Hochzeit feiert ein langjähriger Freund Kikis seinen fünfzigsten Geburtstag an der Alster. Also wieder ein Fünf-Sterne-Hotel, die Party-Location ist in wenigen Minuten zu Fuß erreichbar. Im Hotel angekommen, wollen wir uns noch ein wenig hinlegen und frisch machen. Wir haben noch Zeit, uns von unserer Hochzeitsnacht zu erholen. Im Zimmer angelangt, ist meine frisch Getraute irgendwie ziemlich unentspannt. Sie zappelt herum und starrt ständig auf die Zimmertür.

„Sag mal. Was ist los mit dir? Bist du noch aufgeregt von gestern oder ist das bereits die Vorfreude auf die Party?"

„Nein, ich muss es dir gestehen. Ich wollte dich mit einer Flasche Champagner überraschen. Ich habe sie bestellt, habe heute Vormittag extra nochmals angerufen und sie haben es verbockt."

„Ach, meine Liebe, sei nicht traurig. Sprudel schmeckt uns ja eh nicht so, lass uns aus der Minibar zwei Bierchen trinken."

Als wir uns schließlich unter die Dusche begeben, ist immerhin warmes Wasser da, aber leider nur ein Badetuch. Leicht enerviert machen wir auf dem Weg zum Geburtstagsfest einen Zwischenstopp an der Rezeption.

„Alles in Ordnung bei Ihnen?"

„Nein, ganz im Gegenteil", erwidert meine Frau auf eine mir ganz neue Art.

„Ich hatte eine Flasche Champagner bestellt und heute extra nochmals angerufen, weil ich meinen Ehemann überraschen wollte. Was nicht da war, war der Champagner."

„Da muss ich in unserem System nachgucken. Ja, die Flasche Champagner ist hier vermerkt. Vielleicht hat der Kollege einfach gewartet, bis Sie ihm ein Zeichen geben."

„Was für ein Zeichen? Wenn ich etwas bestelle und noch dazu sage, dass es eine Überraschung sein soll ... Aber sei's drum. Wir haben leider auch nur ein Badetuch im Zimmer, wir sind aber zwei, wie Sie sehen. Könnten Sie bitte veranlassen, dass wir ein zweites Badetuch aufs Zimmer gebracht bekommen?"

„Das eine werde ich weiterleiten. Das andere lässt sich sicher machen, ist überhaupt kein Problem."

Ich stehe sprachlos daneben und schüttle den Kopf. Wir entschließen uns, noch ein wenig die Alster entlangzugehen, werden aber dennoch die ersten Gäste sein, die eintreffen. Es ist wie ein Klassentreffen. Viele Freunde aus Hannover sind da, wie der gesamte Plümi-Stammtisch. Nach einem langen Abend entscheiden wir schließlich, uns zu verabschieden und noch einen letzten Drink an der Hotelbar zu nehmen. Als wir in der dreiviertelvollen Bar Platz nehmen wollen, stürmt der Barkeeper auf uns zu.

„Die Bar ist bereits geschlossen."

„Es sind aber noch viele Menschen hier. Sie schließen auch erst um ein Uhr. Es ist null Uhr vierzig. Wir wollen nur schnell zwei Absacker nehmen."

„Nein, das geht nicht, wir haben schon abgerechnet."

„Können wir dann wenigstens zwei Gin-Tonic mit aufs Zimmer nehmen und aufs Zimmer schreiben?"

„Nein, das machen wir nicht. Wir haben, wie gesagt, bereits abgerechnet."

Verdattert gehen wir auf unser Zimmer, bedienen uns wieder an der Mini-Bar und stoßen, gleiche Prozedur wie am Nachmittag, mit zwei Bieren an, um erschöpft einzuschlafen.

Als wir am nächsten Tag duschen, staunen wir nicht schlecht. Sie haben es sogar geschafft, zweimal auf das zweite Badetuch zu vergessen. Beim Auschecken verweisen wir auf die vielen Absurditäten, die uns in nicht einmal vierundzwanzig Stunden widerfahren sind. Die Rezeptionistin schreibt gesenkten Hauptes mit. Sie werde alles bei der nächsten Teambesprechung thematisieren. Entschuldigt hat sich bei uns bis heute niemand, selbst Fünf-Sterne-Läden sind Teil der germanischen Service-Wüste.

Im Fünf-Sterne-Kasten auf Rügen hatte man sich wenigstens dafür entschuldigt, dass die Frühstückstische nicht abgeräumt waren, das Zimmer nicht gereinigt wurde und so weiter und so fort. Die Hotelmanagerin exkulpierte das Geschehene mit dem Üblichen.

„Sie wissen ja gar nicht, wie schwierig es ist, gutes Personal zu finden. Ich werde Ihre berechtigten Beschwerden aber in der morgigen Teambesprechung zur Sprache bringen."

Fürstlich essen

Im nieselregnerischen, nebeligen Berlin fiel uns wieder einmal die Decke auf den Kopf. Es war die Zeit zwischen Weihnachten und dem Jahreswechsel 2020. Wir mussten raus aufs Land. Wellness und Sauna, irgendwo in der Nähe. Also zückte Kiki ihr Handy und begann die Suche nach einem Last-Minute-Angebot.

„Ich habe da etwas. Das klingt echt interessant. Ein Schlosshotel in einem Ort mit dem klingenden Namen Fürstlich Drehna."

„Sachen gibt's! Nichts wie dorthin, das müssen wir uns ansehen. Das erweckt ja fast Reminiszenzen an Kakanien."

Eine gute Stunde dauerte es mit dem Auto in den Spreewald. Wir hatten nur eines vergessen: den Tank aufzufüllen. Kein Problem, mag man denken, auf über hundert Kilometern auf der Autobahn wird es ja wohl eine Tankstelle geben. Falsch gedacht. Die Autobahnen von Berlin gen Osten zeichnen sich vor allem durch eines aus: eine fehlende Tanke-Infrastruktur. Es gibt zwar Schilder, wo Rastplätze mit Tankstellen angepriesen werden, allein die Tanke fehlt. So kamen wir schweißgebadet mit dem vorletzten Tropfen Benzin am Schlossparkplatz an. Ein fürwahr fürstliches Ensemble, irgendwo im Nirgendwo im südlichen Brandenburg. An der Rezeption wurden wir freundlich empfangen und zu unserer Fürstensuite im Sonderangebot geleitet. Das hatte was: ein Oktogon, von dem man im Bett liegend die Wanderschaft der Sonne von Aufgang bis Untergang beobachten konnte. „Nobel geht die Welt zugrunde", raunte ich Fürstin Kiki zu. Die Rezeptionistin hatte uns empfohlen, einen Tisch im hoteleigenen Restaurant zu reservieren. Sie könne das Restaurant TafelSPIZZ wärmstens empfehlen, ausgezeichnete österreichische Küche.

„Na servus. Sachen gibt's", war es aus mir lachend herausgebrochen. „Da bin ich aber neugierig, wie ihr Preußen ausgezeichnete österreichische Küche auf den Teller bringt."

Fürstlich, mit einem österreichischen Restaurant namens TafelSPIZZ? Das ließ mir keine Ruhe. Hatten die Habsburger selbst hier in preußischen Landen vielleicht wirklich ihre Hände im Spiel? Ich blätterte im dicken Hotel-Prospekt und wurde fündig.

„Kiki, das gibt's ja nicht. Was ich spaßhalber gesagt habe, stimmt. Das ‚Fürstlich' ist tatsächlich das Werk eines Habsburgers. Der Franz war's!"

„Der Mann von Sisi?"

„Nein, nicht der Franzl, der Franz Joseph. Nur Franz, ohne Joseph. Der Franz, der Erste und Zweite, der war beides. Er war aber vor allem eines: unser beider letzter Kaiser, der letzte Kaiser des Heiligen Römischen Reiches deutscher Nation."

Ich konnte meiner Frau kurz ob meiner geschichtlichen Ergüsse imponieren, um sie zu provozieren. Tatsächlich hatte der Habsburger im Jahre 1806, damals als Franz der Erste und der Zweite in Personalunion, in den letzten Zügen als deutscher Kaiser Moritz Ludwig Ernst zu Lynar in den Fürstenstand erhoben und damit Drehna gleich dazu. Nach finsteren kommunistischen Jahren nahe der Stadt Finsterwald wurde Drehna schließlich 1991 wieder in die lichten Höhen des Hochadelsstands erhoben.

„Du weißt aber schon, dass nicht nur Drehna das Wort fürstlich dem Franz zu verdanken hat, auch eure Hymne, das Deutschlandlied, habt ihr ihm zu verdanken. Genau dieser Franz der Zweite und Erste hat Joseph Haydn den Auftrag für die Kaiserhymne gegeben. Die war bis 1918 unsere Hymne und jetzt singt ihr ‚Einigkeit und Recht und Freiheit' dazu ...“

„Ist das wieder einmal einer deiner Scherze?“

„Nein, das ist ernst. Todernst. Wir müssen seit diesem unverzeihbaren Diebstahl durch die Deutschen die fadeste Hymne aller Zeiten singen, und das von Kindheit an. Weißt du, was das mit einem Menschen macht? Schau mich an! Ich bin ein gebrochener Mann. Ich werde euch Deutschen diese Schandtat nie verzeihen!“

Ich räuspere mich und beginne Kikis Deutschlandlied mit dem Text der Kaiserhymne zu intonieren, mit voller Inbrunst.

„Gott erhalte, Gott beschütze unsern Kaiser ...“

„Du hast ja echt nen Knall, aber einen schönen Knall.“

Nach diesem Ausflug in die Geschichte beginnt die Geschichte mit dem Restaurant, das den verunstalteten Namen einer Spezialität der Wiener Küche trägt, des Tafelspitzes. Die Geschichte beginnt, wie sie in deutschen Restaurants häufig beginnt: Man fühlt sich allein gelassen. So stehen wir also und warten, dass jemand kommt, um uns einen Tisch zuzuweisen. Nach einigem Hin und Her ist es so weit. Nicht in einem der wunderschön renovierten Salonräume ist Platz, sondern leider nur in einem mit Tischen und Stühlen bestückten, an eine S-Bahn-Unterführung gemahnenden Schlauch.

Diesmal wird nicht der Wein das Problem, sondern das Essen. Wir hatten uns Wiener Schnitzel und Tafelspitz bestellt. Nach einer Dreiviertelstunde Wartezeit kam das Essen. Leider aber nur eines, mein Tafelspitz. Vom Wiener Schnitzel keine Spur. Auf die Frage, wo denn das Schnitzel bliebe, brach unter der Kellnerschaft geschäftiges Treiben aus. Ob wir denn sicher seien, dass wir auch ein Schnitzel bestellt hätten, weil es nämlich nirgendwo aufscheine.

„Ja, wir sind uns sehr sicher. Sie können davon ausgehen, dass meine Frau nicht hier sitzt, um mich beim Verzehr von gekochtem Rindfleisch zu bewundern."

Wir bekamen schließlich nach eineinhalb Stunden doch noch essbare österreichische Küche aufgetischt. Die Erfahrung, das Gegenteil von österreichischer Gastlichkeit durchlebt zu haben, schien uns ins Gesicht geschrieben. Um unseren Frust mit Alkohol vergessen zu machen, fragten wir nach der Hotelbar. Die Antwort war ernüchternd: Es gebe keine Bar. Unsere Mimik ließ offenbar darauf schließen, dass nun dringender Handlungsbedarf besteht. Und so nahm sich eine sehr freundliche und bemühte Servicekraft ein Herz und erbarmte sich unser.

„Wissen Sie was, ich bringe Sie zu unserer Bibliothek. Da sind Sie für sich und können in Ruhe einen Gin-Tonic nehmen."

Da saßen wir nun umringt von hunderten Büchern und starrten uns fassungslos an. Irgendwie mussten wir das alles auf die Reihe kriegen. Ein wirklich wunderschönes Ambiente, mit Liebe renoviert, und dann das. Ich musste die Frage stellen.

„Sag mal, Kiki. Was ich nie verstehen werde, ist, dass ihr, was Service und Gastronomie betrifft, wirklich nichts auf die Reihe kriegt. Denk nur an die wunderschönen Herrenhäuser Gärten in Hannover: herrschaftliches Ambiente, unterirdische Gastronomie. Die Bockwurst am Kiosk ist das Höchste der Gefühle. Da gibt es keinen Unterschied zwischen West und Ost. Verstehst du das?"

„Ich verstehe es auch nicht. Ich kann mich nur wundern und bin von Mal zu Mal sprachlos. Ich kann es dir leider auch nicht erklären. Man kann es sich auch nicht schöntrinken."

Kein Lan in Sicht

Als wir in unserem Fürstenbett erwachten, folgte das böse Erwachen. Kiki griff, aus reiner Gewohnheit, zu ihrem Smartphone und wollte nachschauen, ob die Welt „da draußen" noch steht.

„Komisch. Ich habe hier gar keinen Empfang. Gestern ist mir das gar nicht aufgefallen. Kannst du mal gucken, ob es bei dir funktioniert?"

„Hm, ich habe auch keinen Empfang. Komisch, liegt da irgendwo eine Karte, damit wir ins WLAN kommen?"

„Hier liegt eine Karte."

Kiki begann zu lesen. Ich begann ihr Gesicht zu lesen, das sich vorerst verdüsterte, dann explosionsartig erhellte, bis schallendes Gelächter aus ihr herausbrach.

„Du wirst es nicht glauben, wir sind nun offiziell im Mittelalter, nein besser in der Steinzeit gelandet."

Sie überreichte mir die Karte, die mir schwarz auf weiß versicherte, dass die Welt doch stehen bleiben kann.

Liebe Gäste,

wir würden Ihnen sehr gern W-LAN auf den Zimmern anbieten, aber es gibt im gesamten Dorf nur eine 2Mbit -

Leitung. Weder LTE, UMTS, 4G oder 3G stehen zur Verfügung. Dafür erhalten Sie bei uns Ruhe und Entspannung. Sollten Sie dennoch dringend W-LAN benötigen, steht Ihnen ein kleines W-LAN-Netz an unserem Empfang zur Verfügung. Wir wünschen Ihnen einen angenehmen Aufenthalt und stehen Ihnen bei Fragen gern zur Verfügung.

Ihr Schlosshotel-Team

Nach einem ausgiebigen Spaziergang im wunderschönen Schlosspark erfragten wir den Weg zur nächsten Tankstelle, die wir mit dem letzten Tropfen erreichten. Zurück ging es vorbei an endlosen Wäldern und digitalen Wüstenlandschaften in die Hauptstadt aller Deutschen, die digital vergleichsweise die Nase vorne hat.

Digitale Wüsten-Irrfahrten

Taxifahrten führen nicht nur in Hannover, sondern auch in Berlin zu erstaunlichen Erkenntnissen. Nicht nur die verhaltensoriginellen Fahrweisen mancher Verkehrsteilnehmer, auch die durchaus originellen Verhaltensweisen und Kommentare ringen mir ein Schmunzeln ab. Diesmal führt das Autoradio bei mir zu einem PID-Effekt, aber nicht den Straßenverkehr betreffend, sondern den E-Mail-Verkehr. Die erste Meldung in den Nachrichten lautet:

> „Ab morgen ist das Bezirksamt Wilmersdorf auch per E-Mail erreichbar. Damit können Anfragen auch per E-Mail gestellt werden ...“

Wir schreiben das Jahr 2017. Als ich diese Meldung höre, denke ich sofort an einen Aprilscherz. Es ist aber Oktober. Hm, stimmt, ich habe eigentlich auch nie eine E- Mail an ein Ordnungsamt, Bezirksamt oder so gesendet, sondern landete immer in Endlos-Telefonschleifen. Mit viel Glück gerät man an eine nette Person oder man wird eben angeschnauzt, ein Fax zu schicken.

Offensichtlich bin ich nach fünf Jahren Berlin und Deutschland schon so dermaßen abgestumpft, dass ich das gar nicht mehr bemerke. Nein, ich rege mich immer noch auf. Ich lebe also. Jetzt setzt der PID-Effekt ein, der das alles erklärt. Digitalisierung und Deutschland beginnen zwar beide mit einem D, ansonsten passen sie einfach nicht zusammen. 2017 hält also die E-Mail in einige Amtsstuben Einzug. Nun war ich beruflich auch in einer Anstalt sozialisiert, in einer öffentlich-rechtlichen Anstalt sogar. Denk- und Handlungsweisen sind auch dort eher mit Behörden zu vergleichen. Dennoch waren im Wien des Jahres 1997, also zwanzig Jahre davor, „digitale Revolutionen" relativ geräuschlos umzusetzen.

Als Redaktionsleiter hatte ich schlicht die Haus- und Rohrpost endgültig zu Grabe getragen, die Redaktion mit PCs ausgestattet und die E-Mail als für mich alleingültiges schriftliches Kommunikationsmittel ausgerufen. Nach kurzem, erfolglosem Widerstand und Trennungsschmerz lief die Chose ab dem nächsten Jahr vollkommen friktionsfrei ab. Bevor ich nach Deutschland kam, stand für mich Wien nicht wirklich für progressiven technologischen Fortschritt. Steht es für mich immer noch nicht wirklich. Es ist aber alles relativ, im Vergleich zu Berlin und Deutschland verdient es diese Zuschreibung durchaus.

Da fiel mir ein Erlebnis ein, das sich zehn Jahre davor, also im Jahr 2007, in Frankfurt zugetragen hatte. Ich war als Agenturchef zum größten Kommunikationskongress für interne Kommunikation an die Metropole am Main gereist, um mich weiterzubilden. Keynote hier, Arbeitsgruppe dort, Panel hier und dort. Schließlich landete ich in einem Vortrag über die Zukunft der Mitarbeiter-Kommunikation. Hocheloquent erläuterte einer der vielen Gurus, dass das Internet überbewertet würde und es zu einem Revival der gedruckten Mitarbeiter-Zeitung kommen werde.

Ich hörte mir das höchst beeindruckende Geschwurbel eine Zeit lang an und bemerkte, dass von Minute zu Minute mein Blutdruck stieg und ich kurz vor einem Hyperventilierungsschub stand. Dazu muss man wissen, dass ich alles andere als ein First Mover in digitalen Angelegenheiten war und bin. Ohne fremde Hilfe tue ich mir immer noch schwer, eine App unfallfrei zu installieren, geschweige denn ein Programm herunterzuladen. Ich selbst würde mich gar als digitalen Vollpfosten bezeichnen. Umso erstaunter war ich, als die etwa hundert Zuhörerinnen und Zuhörer aufmerksam nickten. Auch die anschließende Fragerunde glich eher einer Zustimmungsrunde, bis mir, schnappatmend, der Kragen platzte und ich mich zu Wort meldete.

„Entschuldigen Sie bitte, ich bin hier offensichtlich der einzige Ösi, aber ich glaube hier bei der falschen Veran-staltung, zumindest im falschen Jahrhundert zu sein. Ich komme mir vor wie vor hundert Jahren. Merken Sie eigentlich nicht, was gerade überall abgeht? Steve Jobs hat angekündigt, in Kürze ein revolutionäres Gerät namens iPhone zu präsentieren, und wir diskutieren hier über Buchdruck. Der ist übrigens unweit von hier erfunden worden. Gutenberg hat tatsächlich die Kommunikation revolutioniert, das war aber vor fünfhundert Jahren! Und wir rufen ein Revival aus, wo im Silicon Valley gerade die digitale Revolution voll abgeht?!"

Stille. Ich saß, wie schon zu Schulzeiten, in der letzten Reihe. Hundert Augenpaare starrten mich fassungslos an. Ein Alien aus Wien war gelandet. Eine Hand voll Zuhörern stimmten mir gedämpft, leicht mit dem Kopf nickend, zu. Der Rest war ob meiner inhaltlichen

Einlassungen geschockt bis verwundert. Sogar das Wort „Nerd" fiel. Als ich bemerkte, dass ich auf vollkommen verlorenem Posten stand, streckte ich die Waffen. Mit einem leicht sarkastischen Unterton gab ich kleinlaut zu, den deutschen Markt nicht wirklich zu kennen und daher die rhetorischen Segel zu streichen.

Als ich das zurück in Wien erzählte, auch dass ich im Flur als Digital-Ösi angesprochen wurde, brachen alle in schallendes Gelächter aus. Mir wurde das kollektive Verbot ausgesprochen, künftig nochmals zu diesem Kongress zu fahren. Dieses Erlebnis gab mir damals einen ersten Eindruck davon, dass ich in die Wüste ziehen würde. In die digitale Wüste Deutschland.

Das Bürokratie-Dschungel-Camp

So kahl und triste die digitale Wüste Deutschlands in der gleißenden Sonne die eine oder andere Fata Morgana am Horizont erscheinen lässt, so sehr wuchert der bürokratische Dschungel und bringt immer neue, noch nie gesehene Pflanzen zum Vorschein. Ich war doch nicht vor den Um- und Austrieben Kakaniens geflüchtet, um jetzt hier in Deutschland in einem schier undurchdringlichen bürokratischen Regenwald nicht nur die Nerven, sondern auch die Orientierung zu verlieren.

Ich musste meiner alten und neuen Heimat Österreich Abbitte leisten. Nach dem fast neunjährigen Durchleben und Durchleiden Berliner Amts- und Bürokratie-Absurditäten lobe ich mittlerweile die österreichischen und Wiener Amtsmühlen. Die mahlen mittlerweile digital, schnell und vergleichsweise sehr unbürokratisch. Und man wird als Mensch gesehen, als Kunde, wie mir Leiter der Bezirksämter in einem Workshop bestätigt haben. Dies ist die Vorgabe von oben und wird unten auch umgesetzt.

Das ist eine Wohltat, die man bei jedem Amtsgang zu schätzen lernt. Aber klar, nach wie vor spürt man den Atem des einst so mächtigen Kaiserreichs, etwa beim österreichischen Bundesheer. Betritt man die Hallen von Landesverteidigungsakademie oder Theresianischer Militärakademie, glaubt man, dass jede Sekunde Maria Theresia oder gar Sisi und Franzl durch die überdimensionalen Flügeltüren schreiten könnten. Und so liegt es auf der Hand, dass der Generalstab immer noch in den Dimensionen einer Mittelmacht oder gar einer Großmacht denkt und plant. Kostprobe gefällig? Das österreichische Bundesheer verfügt über zwei Brigaden, die von Brigadieren, also Brigadegenerälen, kommandiert werden. Das österreichische Bundesheer verfügt aber auch über mehr als 150 Brigadegeneräle. Man weiß ja nie, sicher ist sicher.

Gleichzeitig ist dieser Dinosaurier aber auch in der Gegenwart angekommen, nicht was die Waffen betrifft, aber die bürokratischen Abläufe, die mittlerweile wie selbstverständlich digital laufen. Meine vielen deutschen Freundinnen und Freunde staunen, wenn ich versuche, es ihnen zu erzählen. Nicht, dass es sie nicht interessieren würde.

Sehr oft verhindern digitale Aussetzer oder die mannigfachen Funklöcher in deutschen Gefilden längere oder gar tiefergehende Gespräche. Ich habe ihnen aber per eingeschriebenem Brief mitgeteilt, dass ich all das, was ich ihnen erzählen wollte, in diesem Buch niederschreibe. Gleichzeitig ließ ich sie wissen, dass ich mich ganz besonders auf ein feuchtfröhliches Zusammensein, egal ob in Österreich, in Deutschland oder sonst wo, freue, ganz unbürokratisch.

„Herr Moser, Sie sind ein Bürokratiehasser!"

Die Assistentin eines deutschen Vorstandes hat es einmal telefonisch auf den Punkt gebracht, wenn auch nicht ganz. Sie meinte dies durchaus ironisch, weil ich sie mit meinen Warum-Fragen in der Vergangenheit „gequält" hatte. Ich erlaubte und erlaube mir einfach, verstehen zu wollen. So frage ich gerne, warum dieses oder jenes nötig sei. Regelmäßig bekomme ich ähnliche Antworten. Man wisse es selbst nicht, man halte es selbst für schwachsinnig und so weiter und so fort. Um aber zu ergänzen, dass man es selbst nicht ändern könne und es eben Vorschrift sei.

Ich habe nichts gegen die originäre Bestimmung der Bürokratie. Eine von korrekten Bürokraten gemanagte Verwaltung des Staates ist unerlässlich. Was mich aber auf die Palme treibt, sind die vollkommen zweckentfremdeten, menschenfeindlichen, sinnentleerten und teuren Auswüchse, die ich als Bürokratismus bezeichne – insofern bin ich ein Bürokratismus-Hasser und das aus voller Überzeugung.

Die Vorschrift, und sei sie noch so sinnlos, steht über dem Menschen, sprich dem Kunden. Dieser ist nicht mehr als ein Objekt, das stört und bei Hinterfragen des dämlichen Ist-Zustands sofort zum Querulanten gestempelt wird. Was mir die Bürokratie übrigens auch noch vermittelt hat, ist, dass Kinder im Deutschland des Jahres 2021 rechtlich immer noch als „Sachen" gelten. Das gibt's ja nicht, werden Sie sich denken. Es ist aber die Wahrheit, nichts als die traurige Wahrheit.

Die Auswüchse des Bürokratismus sind mir in verschiedenen deutschen Ämtern, aber selbst in großen deutschen Konzernen öfters widerfahren. Bei beschriebener Assistentin war es anders. Sie verstand und unterstützte meine Anliegen, suchte nach einer pragmatischen Umgehung der sinnlosen Vorschriften und nahm sie, mit meiner Hilfe bei ihrem Chef, zum Anlass, um einiges zu ändern. Es war nicht das einzige Mal, dass das geklappt hat.

Selbst in Ämtern, wenn man das Riesenglück hat, auf echte Menschen aus Fleisch und Blut zu treffen, und seine Anliegen gut erklärt, funktionieren plötzlich Dinge, die man niemals für möglich gehalten hätte. Das Problem ist das System. Es schottet sich so gut ab, dass es immer schwieriger wird, auf Menschen zu treffen. Denn auch Deutsche sind Menschen.

Politickt nicht richtig

Politik ist das Bohren in dicken Brettern, hat schon der große deutsche Soziologe Max Weber vor mehr als hundert Jahren festgestellt. Zwei Jahrzehnte als Politikberater haben mich, speziell in Deutschland, zu einer Weiterentwicklung der Weber'schen Hypothese veranlasst.

Politikberatung ist das Bohren in dicken, deutschen Stahlbetonköpfen.

Zu dieser Erkenntnis bin ich nach vielen Wahlkämpfen, die ich in deutschen Landen begleiten durfte, gekommen. Der Spaßfaktor wurde von Jahr zu Jahr überschaubarer, bis ich mir diese deutschen Wahlkrämpfe nicht mehr antun wollte. Das Bohren in Stahlbetonköpfen ist kraftraubend und hochgradig enervierend. Das hat mit der Welt rund um Deutschland zu tun.

In vielen Vorträgen vor Spitzenpolitikern habe ich immer darauf aufmerksam gemacht, dass Deutschland keine Insel sei. Und noch viel schlimmer für Deutschland sei, dass die digitale Welt sich immer schneller drehe. Ich stieß auf massive Skepsis und fühlte mich wiederholt so wie damals am Kongress in Frankfurt, als mich alle als verrückten Digital-Nerd abstempelten.

So trug es sich zu, dass ich vom Spitzenkandidaten eines wichtigen und reichen Bundeslandes erneut gefragt wurde, mit in den Wahlkampfring zu steigen. Fünf Jahre davor war ein kleines Wunder geschehen und man hatte den Wählerauftrag zur Regierungsbildung bekommen. Dies wollte man wiederholen, mit denselben, schon damals sehr an das zwanzigste Jahrhundert gemahnenden Methoden. Fünf Jahre sind im digitalen Zeitalter aber eine halbe Ewigkeit, nur hatte sich das nicht bis zu den Verantwortlichen der Parteizentrale herumgesprochen. Man wollte auf alte Erfolgsrezepte zurückgreifen, die da hießen: Plakate, Plakate, Plakate, Inserate, Inserate, Inserate. Man hatte vorsorglich schon vor Jahren die Flächen gebucht, damit sie ganz sicher zur Verfügung stehen, und um Geld zu sparen. Soll heißen, das Geld war eigentlich schon ausgegeben, bevor der Wahlkampf begonnen hatte, für digitale Waffen blieben Peanuts übrig.

Dann kam ich, der Querulant, und brachte mit meinem Stahlbetonbohrer Unruhe in die beschauliche Retro-Wahlkampfzentrale. Ich redete mir die Stimme heiser und schrieb mir die Finger wund. Die honorigen Herren – ja, es waren alles geistig vergreiste Männer, die teilweise noch keine vierzig Jahre auf dem Buckel hatten – blieben bei ihrer Linie. Die da hieß:

„Soziale Medien haben keine entscheidenden Auswirkungen auf Wahlen. Außerdem ist das alles sehr schwierig, Sie wissen ja, der Datenschutz."

Dabei hatten alle ihr Smartphone griffbereit.

„Hallo? Ist da jemand? Was ist mit dem arabischen Frühling, mit Donald Trump in den USA, mit Justin Trudeau in Kanada, mit Emmanuel Macron in Frankreich, ja sogar Sebastian Kurz in Österreich? Die Liste derer, die virtuos die Klaviatur der neuen Wahlkampf-Medien spielen, ließe sich beliebig fortsetzen."

Der oberste Partei-Guru in der Vor-Corona-Zeit ließ mich daraufhin wissen:

„Dies alles mag da und dort schon seine Berechtigung haben. Das ist auf Deutschland aber nicht übertragbar. Hier ticken die Uhren anders. Unsere Wähler brauchen ihre Plakate, ihre Inserate und vor allem die direkte Ansprache bei Wahlkampfveranstaltungen."

„Ja, auch oldschool hat seine Berechtigung. Aber mit Verlaub, auch Deutsche sind Menschen. Sie selbst tippen ständig auf Ihrem Smartphone herum, von Ihren Kindern und Enkelkindern ganz zu schweigen. Glauben Sie das allen Ernstes, was Sie da sagen? Oder wollen Sie mich veräppeln?"

Er meinte es ernst. In diesem Falle war die Lage für mich aussichtslos und ernst zugleich. Ich war in einem Loyalitätskonflikt. Normalerweise hätte ich das Handtuch geworfen, aber meine Wertschätzung und Hochachtung dem Spitzenkandidaten gegenüber ließen mir keine Wahl, ich musste bis zur Wahl durchhalten. Meine Aufgabe erschöpfte sich darin, den größten Schwachsinn abzuwenden. Es waren leidvolle Monate. Bei einer Besprechung erzählte der Kandidat von einer Beobachtung in seiner Heimatstadt, die er gleich mit einem deutlichen Wink mit dem Zaunpfahl an seinen Wahlkampfleiter verknüpfte.

„Bei meiner letzten Veranstaltung war fast jeder zweite Sitzplatz frei. Wie kann es dazu kommen? Was ist da schiefgelaufen? Eine Woche später kommt die AfD in dieselbe Halle und die ist knackevoll, obwohl die das nicht mal plakatiert haben. Was meinen Sie, Herr Dr. Moser?"

„Social Media."

Das kann der Wahlkampfleiter nicht auf sich sitzen lassen.

„Soziale Medien werden komplett überbewertet. Dieses ständige Gesülze kann ich nicht mehr hören. Zeigen Sie mir eine Studie, die beweist, dass dieses Pipifax irgend-eine Auswirkung auf Wahlen hätte!"

„Welche hätten Sie denn gerne. Oxford, Cambridge, Stanford, Paris, Wien?"

„Eine deutsche Studie haben Sie nicht? Ich hingegen habe eine, die meine Hypothese zu hundert Prozent bestätigt."

„Dann zeigen Sie sie mir bitte. Das würde mich brennend interessieren."

Ich habe diese imaginäre Studie bis heute nicht zu Gesicht bekommen, wie auch. In dieser sehr emotionalen Diskussionsrunde musste ich noch eines loswerden: den Blick in die wenig ruhmreiche Vergangenheit Deutschlands und Österreichs.

„Was mich wirklich erschaudern lässt, ist diese Arroganz der Macht in Staats- und sonstigen Kanzleien. Ich

hatte immer geglaubt, die Deutschen seien in Vergangen-
heitsbewältigung und -aufarbeitung Weltmeister. Was
politische Kommunikation betrifft, spielt ihr aber um
den Abstieg. Habt ihr nichts gelernt? In der Weimarer
Republik hockten sie auch nur rum in ihren Salons und
Hinterzimmern und rümpften die Nase, während die
Nazis die Stadien füllten und die audiovisuellen Medien
zu Massenmedien ausbauten. Volksempfänger, Wochen-
schau, Reichsparteitage, Riefenstahl, Göbbels? Sagt Ihnen
das etwas?"

„Herr Doktor Moser, Sie neigen zu maßlosen Übertrei-
bungen und unheilvollen Vergleichen. Lassen wir die
Kirche im Dorf. Ich halte nochmals fest, dass sich Ihre
Ausführungen in keiner deutschen Studie wiederfinden."

„Die deutsche Studie, jo eh", murmelte ich resigniert
vor mich hin. In diesem Zusammenhang heißt dieser
multisituativ einsetzbare österreichische Ausdruck
ziemlich das Gleiche wie ein berühmtes Zitat von Götz
von Berlichingen.

Kontrollieren geht über Studieren

Bei der Morgenlektüre in meiner Berliner Wohnung sticht mir in allen Medien eine Headline ins Auge. Am Abend werden sowohl „ZDF heute" als auch die „Tagesthemen" ausführlich darüber berichten. In der Region Hannover wird etwas ganz Tolles und Neues in einem Pilotprojekt ausprobiert, das dann in einer Studie evaluiert werden soll. Auf der B6 zwischen Gleidingen und Laatzen wird eine sogenannte Abschnittskontrolle installiert.

Mit diesem neuen Wunderding der Technik werden Tempolimits im Straßenverkehr überwacht. Es wird aber nicht die Geschwindigkeit an einem bestimmten Punkt gemessen, sondern die Durchschnittsgeschwindigkeit über eine längere Strecke. Funktioniert das Ganze in Niedersachsen, soll es auf ganz Deutschland ausgerollt werden. Großartig!

Ich lese und lese und lese und denke mir: Das kenne ich doch! Ich selbst habe in meiner Journalistenzeit diese Geschichte in Auftrag gegeben. Bloß habe ich meine journalistische Laufbahn Anfang 2004 beendet, heute ist Ende 2018. Und siehe da, ganz am Ende des Artikels ist zu lesen, dass ein ganz ähnliches, wenn nicht gleiches System in Österreich seit dem Jahr 2003 in Betrieb ist. Das Ding mit dem wunderbaren Austro-Anglizismus *Section Control* wurde tatsächlich am 1. September 2003 auf der Donauuferautobahn (A22) in Wien in Betrieb genommen. Seitdem ist diese von Österreichs Autobahnen und Bundesstraßen nicht mehr wegzudenken. Die Zahlen sprechen eine eindeutige Sprache. Schon Anfang 2005 berichten Wiener Medien, dass sich die Abschnittskontrollen in diesem Bereich durch die Strafen bereits refinanziert haben. Im Jahr 2012 präsentiert der staatseigene Autobahnbetreiber ASFINAG eine Studie, wonach seit dem Installieren der Anlage die Zahl der Unfälle um fünfzig Prozent zurückgegangen sei, die Zahl der Unfallverletzten gar um sechzig Prozent. Tödliche Unfälle gab es seitdem null.

Damit sollten alle Fragen beantwortet sein. In Österreich und Rest-Europa sind sie es. In Deutschland nicht, handelt es sich dabei doch um eine österreichische und keine deutsche Studie. Es wäre doch zu einfach, auf die Daten der österreichischen Kollegen zurückzugreifen und ein höchst erfolgreiches System einfach zu übernehmen.

Viel zu gefährlich, Wiener und Österreicher kann man doch nicht mit Hannoveranern und Deutschen vergleichen, ist ja eine ganz andere Spezies! Da muss man noch gründlich erforschen, ob das System auch bei deutschen Menschen funktioniert. Ein Anruf bei meiner Frau, der Hannoveranerin, hätte gereicht.

„Kiki Bleifuß", wie ich sie nenne, hat bei ihren ersten österreichischen Ausfahrten mit dem Auto viel Lehrgeld bezahlt. Heute weiß sie, dass man ab dem Schild „Section Control" den Fuß vom Gaspedal nehmen sollte. Diesen Rat geben wir gerne an unsere Freunde in Hannover und Umgebung weiter.

Dr. Sommer klärt auf

Die Pandemie hat uns gezeigt, dass alles mit allem und nichts mit nichts zusammenhängt und dass die meisten Studien eben keine deutschen Studien sind. Mit Sex hat das nichts zu tun, dazu aber später. Oxford und seine nicht ganz unbekannte Universität liegen in Großbritannien. Also nicht einmal im EU-Ausland, sondern seit Neuestem sogar im echten Ausland. Nun hat diese international hochrenommierte Forschungseinrichtung untersucht, wie wirksam einzelne Lockdown-Maßnahmen sind. Verglichen wurden Corona-Statistiken aus sieben europäischen Ländern und mehr als hundert Regionen.

Das sei alles schön und gut, lasse sich aber nur sehr bedingt auf Deutschland übertragen, so der überwiegende Tenor deutscher „Experten". Deutsche Studie gibt es aber auch keine, weil jedes Bundesland seine eigenen Wirklichkeiten kreiert. Macht etwa Hamburg eine Ausgangssperre, die wirkt, so wie in Österreich und vielen anderen europäischen Ländern, heißt es, dies sei nicht eins zu eins auf Deutschland übertragbar. Es sei nicht erwiesen, dass Lockdowns und Ausgangssperren nützen. Da schau her!

Das Erstaunliche dabei ist aber, dass man nicht nur den bösen „ausländischen" Studien und Zahlen misstraut, sondern auch den eigenen. Das zu Recht. Das Robert-Koch-Institut rückt sich als Mahner und Warner in den Vordergrund. Es warnt nicht nur vor Corona, sondern noch mehr vor den eigenen Zahlen. Die sind nämlich meist nicht wirklich aussagekräftig. Nach Weihnachten und Ostern etwa dauert es mehrere Wochen, bis die Gesundheitsämter den Papierstau aus den Faxgeräten aufgearbeitet, die fehlenden Datensätze verortet und die Meldungen der Labore und Arztpraxen abgearbeitet haben und so weiter und so fort. Also werden wochenlang alle Zahlen quasi mit einem Warnhinweis versehen, dass sie eigentlich nicht stimmen.

Selbst ein einziger Feiertag wie Christi Himmelfahrt bringt den Datenfluss ins Stocken oder es kommen gar keine Daten beim RKI an. Diesmal hat das Bundesland x nicht eingemeldet, davor waren es die Bundesländer y und z. Außerdem weist das RKI darauf hin, dass am Himmelfahrtswochenende weniger Proben genommen und weniger Laboruntersuchungen durchgeführt wurden, was dazu führt, „dass weniger Erregernachweise an die zuständigen Gesundheitsämter gemeldet werden". Selbst an Pfingsten hatten die heilenden Kräfte des Heiligen Geistes keinen erkennbaren Einfluss auf das herrschende Zahlenwirrwarr.

Mich erregt das, nachweislich, aber nicht sexuell. Mich regt das auf, nachweislich. Ich beobachte diesen weitgehenden Zahlenblindflug mit einer Mischung aus Fremdschämen und Amüsement. Was bleib, ist: Die Zahlen, die deutschen Entscheidern vorliegen, sind mit größter Vorsicht zu genießen. Aber immerhin sind sie deutsche Zahlen, die als Navigationsgrundlage dienen.

Ein deutsches Gutachten spricht Klartext, eines, das der deutsche Wirtschaftsminister bei deutschen Experten in Auftrag gegeben hat. Diese attestieren im April 2021 „archaische Zustände" in deutschen Behörden und sprechen von „Organisationsversagen" der Verwaltung. Deutschland leiste sich in der öffentlichen Verwaltung Strukturen, Prozesse und Denkweisen, die teilweise archaisch anmuten würden.

Es fehlt nicht am Geld, sondern vielmehr fehle „eine klare Zuweisung von Zuständigkeiten und Verantwortlichkeiten", teilen die Experten dem Wirtschaftsminister mit. Hoffentlich liest das auch der Gesundheitsminister, um vielleicht einmal wirklich evidenzbasiert entscheiden zu können. Also auf Basis empirisch zusammengetragener und bewerteter wissenschaftlicher Erkenntnisse, wie evidenzbasiert definiert wird.

Nun werden in Deutschland, besser gesagt in jedem deutschen Bundesland, die Zahlen offensichtlich weitgehend wirklich „händisch zusammengetragen", um sie auf verschiedenen Wegen nach Berlin zu schicken, wo die Evidenz dann angezweifelt wird. Angezweifelt werden aber auch die Zahlen „ausländischer" Studien. Hier sei nur darauf hingewiesen, dass die Wissenschaft schon lange keine Staatsgrenzen mehr kennt und sich in allen Teilen der Welt digital vernetzt.

Auf Basis dieser „deutschen Zahlen, Daten und Fakten" durchforsten deutsche Expertenteams den Bürokratiedschungel, durchqueren deutsche Karawanen mit ihren althergebrachten Kompassen die Digitalwüste und verwischen ihre persönlichen Spuren. Deshalb wird in deutschen Landen gefaxt, was das Zeug hält. Eine reine Schutzmaßnahme, die natürlich dem Datenschutz geschuldet ist. Aber ist das auch sicher genug? Nein, zumindest nicht in Bremen.

Im beschaulichen Stadtstaat geht man nun ganz auf Nummer sicher und will nun auch das Faxen verbieten – aus Datenschutzgründen, versteht sich, wie *bild.de* am 11. Mai 2021 (!) berichtet:

> *Behörden in Bremen dürfen keine Faxgeräte mehr benutzen um personenbezogene Daten zu verschicken. Die Landesdatenschutzbeauftragte, Dr. Imke Sommer, und ihr Team verhängten das Fax-Verbot mit der Begründung, die Nutzung der Geräte verstieße mittlerweile gegen die Datenschutz-Grundverordnung (DSGVO). Und das ausgerechnet, weil Faxgeräte zu sehr Teil der digitalen Welt geworden sind.*

> *Denn seit Kurzem werden Faxnachrichten nicht mehr über das Telefonnetzwerk übermittelt, sondern über Leitungen, die „auf Internet-Technologie beruhen", wie die Datenschützer schreiben. Zudem würde am anderen Ende der Leitung kein Faxgerät mehr stehen, sondern ein System, das die Nachrichten in E-Mails umwandelt – und die sind dann oft unverschlüsselt.*

Na, Bravo! Danke, Dr. Sommer! Sie haben in mir endgültig alles zerstört, was mir deutsche Aufklärung à la Dr. Sommer gegeben hat. Sie, die mir als Jugendlicher in der österreichischen Provinz, in der asexuellen katholischen Privatschule schmachtend, das Tor zu einer erregenden Welt weit aufgestoßen haben. Sie, die mir alles, was ich immer schon über Sex wissen wollte, beantwortet haben. Damals in der analogen Welt auf analogem „Bravo"-Papier. Und jetzt das! Dass gerade Sie, die ich für so fortschrittlich hielt, das Rad der Zeit zurückdrehen und alle Errungenschaften des digitalen Zeitalters für nichtig erklären wollen, enttäuscht mich sehr. Ich fühle mich zurückgeworfen in meine Zeit im katholischen Internat, wo Enthaltsamkeit die oberste Regel war. Es tut mir leid, Dr. Sommer, aber da mache ich nicht mit.

Wahlkrämpfe

So wurschteln also alle vor sich hin und das Heer an Bedenkenträgern feiert sich und seine Bedenken. Bedenklich. Und das noch dazu in Wahlkampfzeiten.

Um das Gewurschtle abzurunden und politisch zu „legitimieren", trafen sich die Ministerpräsidentinnen und -präsidenten mit der Kanzlerin in unregelmäßig regelmäßigen Abständen, um die Messer zu wetzen, sich blutverschmiert auf einen Kompromiss zu einigen, der spätestens am nächsten Tag Makulatur war. Das kam nicht wirklich gut an beim staunenden Publikum und so musste man ganz tief in die politische Trickkiste greifen.

Die Damen und Herren der Ministerpräsidentinnen-Konferenz (MPK) hatten sich schließlich darauf geeinigt, dass man sich ja über gar nichts einigen müsse. Damit verhinderte man Streit, sehr klug. So trifft man sich, tritt vor die Presse und erklärt, dass es ein sehr harmonisches Treffen ohne Streitpunkte gab. Damit können die Medien titeln, dass die MPK ohne Streit zu Ende gegangen ist. Jeder macht, was er will, im Rahmen dessen, was ein schnell gezimmertes Bundesgesetz zulässt. Keine Lösung kann auch eine Lösung sein.

Der Wahlkampf ist die Zeit fokussierter Unintelligenz.

Dieses Zitat stammt aus dem Munde des langjährigen Bürgermeisters von Wien, Michael Häupl. Dem kann ich nichts hinzufügen. Häupl ist gelernter Österreicher. Die Österreicher hatten wieder einmal Glück. Sie hatten vor Ausbruch der Pandemie die Zeit der fokussierten Unintelligenz bereits hinter sich gebracht, die Wahl war geschlagen. Es folgte die Zeit der fokussierten Halbintelligenz. Ganz im Gegensatz zu Deutschland, wo die Zeit des Wahlkampfes schier kein Ende nahm. Hier herrschte neben kleineren Schlachten um die Landtage ein endloses Messerwetzen um die Nachfolge von Angela Merkel. Zuerst ging es um die Nachfolge als CDU-Chefin, danach zwischen den drei Männern um die Frage, wer Kanzlerkandidat wird, um nahtlos in den Bundestagswahlkampf überzugehen.

Jetzt stellen wir uns einmal vor, Michael Häupl hat recht. Wir befinden uns in der Zeit fokussierter Unintelligenz, garniert mit einer fetten Pandemie, die zu großen sozialen, wirtschaftlichen und persönlichen Verwerfungen führt. O tempora, o mores! Luja, sog i! In solchen Zeiten werden kluge Aussagen kurzerhand zu Lachnummern, wie die folgenden Beispiele zeigen.

Was kümmert mich mein Geschwätz von gestern.

Es ist alles sehr kompliziert.

Was haben diese beiden Zitate gemeinsam? Ich habe beide, hier wie dort, in letzter Zeit des Öfteren gehört. Sie stammen beide von ehemaligen Bundeskanzlern, einem deutschen und einem österreichischen. Mit beiden Zitaten werden beide ständig in Verbindung gebracht. Beide Zitate sind falsch.

Was kümmert mich mein Geschwätz von gestern, nichts hindert mich, weiser zu werden.

Merken Sie den kleinen, aber feinen Unterschied? Es ist nämlich ein gewaltiger Unterschied, ob man Konrad Adenauer als Opportunisten darstellt, der sich täglich nach dem Wind dreht, oder die vollständige Aussage wiedergibt: Dann wird ein weiser Mann aus ihm, der sich seiner Fehlbarkeit bewusst ist und lernen möchte. Man könnte auch meinen, der greise Rheinländer sei gar ein Vorreiter der digitalen Gesellschaft, wo Versuch und Irrtum eine Conditio sine qua non sind, um zu reüssieren.

Aber hallo! Irrtum, geht ja gar nicht im (west-) deutschen Denken, da verzichten wir lieber auf diese neumodische Digitalisierung und warten, bis diese Blase zerplatzt. Da dilettieren wir lieber rum, und wenn alle Stricke reißen, kann ich immer noch den großen Adenauer zitieren mit: „Was kümmert mich mein Geschwätz von gestern." Das mit dem Klügerwerden wird auf den Sankt-Nimmerleins-Tag verschoben.

Es ist eben alles sehr kompliziert, oder etwa nicht? Nicht viel anders als dem Christdemokraten Adenauer erging und ergeht es dem Sozialdemokraten Fred Sinowatz. Seine kluge Rede wurde verstümmelt und er zum Idioten gemacht, bis zum heutigen Tage. Das Original in seiner ersten Regierungserklärung als österreichischer Bundeskanzler im Jahr 1983 hatte Tiefgang:

Ich weiß schon, meine Damen und Herren, das alles ist sehr kompliziert, so wie diese Welt, in der wir leben und handeln, und die Gesellschaft, in der wir uns entfalten wollen. Haben wir daher den Mut, mehr als bisher auf diese Kompliziertheit hinzuweisen; zuzugeben, dass es perfekte Lösungen für alles und für jeden in einer pluralistischen Demokratie gar nicht geben kann.

Dieser Appell an die Österreicherinnen und Österreicher im Jahr 1983 könnte auch heute, gerade in der Pandemie, auf fruchtbaren Boden fallen. Nur geht das überhaupt in einem Land der German Angsthasen und der Bedenkenträger, wenn jemand Mut einfordert? Oder in einem anderen Land, wo Kanzler und Minister mehr mit ihrer Rolle in der „Ibiza-Affäre" beschäftigt sind als mit der Bekämpfung der Pandemie? Was soll man mit der Feststellung anfangen, dass es keine perfekten Lösungen gibt, wo doch hundert Prozent gerade gut genug sind oder wo eh alles irgendwie schon wieder gut werden wird? Es ist eben alles sehr kompliziert.

Weihnachtskrieg und Osterunruhe

Weil eben alles so kompliziert ist, muss man auf Experten zurückgreifen. Ungewöhnliche Zeiten erfordern ungewöhnliche Entscheidungen. Oder wie sagte schon Ernesto Ché Guevara: Sei realistisch, denke das Unmögliche. Und genauso, wie es Weihnachts- und Osterwunder gibt, ist es mir als erstem Menschen gelungen, jene beiden Experten, die die wichtigsten Festtage in deutschen und österreichischen Landen zu stemmen haben, an einen Tisch zu bringen. Keine Geringeren als der Weihnachtsmann (W) und der Osterhase (O) mosern über ihre Erfahrungen aus der Vergangenheit und zeigen Wege aus der deutsch-österreichischen Hass-Liebes-Beziehung auf.

Überraschender- und dankenswerterweise hatten beide prompt zugesagt, beide hatten akuten Redebedarf. Der Osterhase hatte keine lange Anreise, hat er sich doch im kleinen, aber feinen Dörfchen Christkindl in der Nähe von Steyr in Oberösterreich eingenistet. Der Weihnachtsmann kam vom hohen Norden Deutschlands angereist. Er hat sich unweit des Hafens Rostock, im kleinen Häschendorf, sein Logistikzentrum aufgebaut.

Das Gespräch findet bei strahlendem Sonnenschein im Juni 2021 auf meiner Terrasse in Wien statt. Selbstverständlich unter Einhaltung der 3G-Regel: geimpft, gesundet, getestet.

Grüß Gott, Herr Weihnachtsmann! Grüß Gott, Herr Osterhase! Ist die Ansprache „Herr" eigentlich richtig?

O: Mein Name ist Osterhase, ich weiß von nichts. Oder besser gesagt, ich weiß es nicht. Ich würde mich heutzutage als divers bezeichnen.

W: Ach, wenn wir schon dabei sind und da ich der Älteste in der Runde bin, sagt Santa Claus oder, noch besser, einfach Claus zu mir. Dann redet es sich leichter. Wir sind ja in Österreich.

Meine Herren, ah, Entschuldigung ... also, lieber Osterhase, lieber Claus: Ihr seid ja von der Pandemie besonders hart getroffen worden. Ihr seid beide im Termingeschäft und müsst „just in time" liefern. Was euch eint, ist, dass ihr beide für zwei Länder, Deutschland und Österreich, zuständig seid.

O: Einspruch. Ich bin mittlerweile für insgesamt siebzehn Länder zuständig. Österreich, Bayern, Baden-Württemberg, Nordrhein-Westfalen, Hessen, Rheinland-Pfalz, Thüringen, Sachsen, Brandenburg, Mecklenburg-Vorpommern, Niedersachsen, Sachsen-Anhalt, Schleswig-Holstein, Saarland und schließlich die drei Stadtstaaten Berlin, Hamburg und Bremen. Ach ja, und da sind noch gefühlt Millionen Landkreise, Kreise, kreisfreie Städte und Bezirke. Ein Fleckerlteppich, bist du deppert!

W: Flickenteppich heißt das in Deutschland. Österreich beginnt aber auch schön langsam zu zerfallen. Wien, Niederösterreich, Burgenland, Steiermark, Kärnten,

Oberösterreich, Salzburg, Tirol und Vorarlberg. Wenn wir realistisch sind, sind wir also für sechzehn und neun, also fünfundzwanzig Länder, die sich Bundesländer schimpfen, zuständig. Dazu noch die beiden Bundesstaaten. Ho! Ho! Ho!

O: Stört es euch, meine Herren, wenn ich zwischendurch herumhopple? Mich macht das Ganze richtig unrund. Mich regt das richtig auf. Lange sitzen ist nicht so mein Ding.

W: Ist in Ordnung. Ich bin das Sitzen im Schlitten gewöhnt.

Für mich ist das auch kein Problem. Was mir auffällt, sind eure durchaus liebenswert klingenden Wohnorte. Ist das Zufall oder gewollt?

O: Bei mir hat es sich so ergeben. Es war einfach praktisch. Ich wohne ziemlich zentral, bin gleich in ganz Österreich und Deutschland ist auch ums Eck. Das macht mich flexibel. Als ich meinen Bau errichtet hatte, dachte ich mir, wenn ich schon da bin, könnte ich auch noch Gutes für die Tradition tun, und habe die Aktion „Rettet das Christkindl" gestartet. Nachdem der Claus das Christkindl auch unter österreichischen Weihnachtsbäumen immer mehr verdrängt, habe ich mir gedacht, dann muss ich ran. Dann muss eben der Osterhase die Christkindl-Fahne hochhalten, damit das arme Ding nicht arbeitslos wird.

W: Bei mir war es geplant. Ich hatte einen Ort gesucht, wo ein Hafen in der Nähe ist. Der Logistik wegen ist

Häschendorf ideal, um effizient und effektiv zu arbeiten. Außerdem habe ich es nicht weit nach Skandinavien, um meine Verwandten zu besuchen.

Ihr kommt aus unterschiedlichen Ländern, kennt aber jeden Winkel in den beiden Ländern. Wie würdet ihr die Situation beschreiben?

W: Die Lage ist ernst, aber nicht hoffnungslos.

O: Die Lage ist hoffnungslos, aber nicht ernst.

Jetzt im Ernst. Was ist euch aufgefallen, was hier wie dort gut gelaufen ist, und wo gibt es Luft nach oben?

W: Als wir vorhin über die 3G-Regel gesprochen haben, ist es mir in die Glieder geschossen. Wenn die Bürokraten so weitermachen und vor lauter Angst es nicht auf die Reihe kriegen, die nötigen Test- und Impfkapazitäten bereitzustellen, erleidet die 3G-Regel das gleiche Schicksal wie die 3G-Technologie, von 4G und 5G ganz zu schweigen. Meine skandinavischen Verwandten fragen mich, in welchem digitalen Wüstenstaat ich meine Zelte aufge-schlagen habe. Ich muss ihnen recht geben, denn es sind nicht die Windlöcher, die meinen Schlitten ins Schlingern bringen, es sind die Funklöcher, die die Arbeit zur Hölle machen. Ich navigiere meine Rentiere von Funkloch zu Funkloch und bin die meiste Zeit im Blindflug unterwegs. Von den negativen Auswirkungen auf die Lieferketten ganz zu schweigen. Das glatte Gegenteil von Skandina-vien, aber auch Österreich ist da weit besser aufgestellt als Deutschland. Hier bin ich besser vernetzt.

O: Wenigstens da haben die Ösis die Nase vorn, auch wenn sie weit entfernt von Skandinaviern und Balten sind. Aber es wäre nicht Österreich, würde man nicht ein wenig größenwahnsinnig denken. Wien hat angekündigt, Ende 2022 die 5G-Hauptstadt Europas zu sein und flächendeckend 5G anzubieten. Die Worte hör ich wohl, allein mir fehlt ein bisschen der Glaube. Aber schaumermal, dann werden wir schon sehen.

Ich lese euch ein Zitat vor und möchte wissen, wie ihr euch beide gefühlt habt, als ihr das gehört habt:

„Ich habe mich zu diesem kurzen Pressetermin entschlossen, weil ich heute Vormittag entschieden habe, die notwendigen Verordnungen für die am Montag vereinbarte zusätzliche Osterruhe, also die Ruhetage am Gründonnerstag und Karsamstag, nicht auf den Weg zu bringen, sondern sie zu stoppen. Um es klipp und klar zu sagen: Die Idee eines Ostershutdowns war mit bester Absicht entworfen worden, denn wir müssen es unbedingt schaffen, die dritte Welle der Pandemie zu bremsen und umzukehren. Dennoch war die Idee der sogenannten Osterruhe ein Fehler ...“

O: Ei, ei, ei ... es wird ja immer bunter! Haben die jetzt Eier oder nicht? Nicht einmal auf Mutti ist mehr Verlass! Genau das hatte ich mir gedacht, nicht schon wieder dieser Wahnsinn, hatte es mich doch schon das zweite Mal getroffen, weil ich meine ganze Planung wieder über den Haufen werfen konnte ... Das dauernde Auf-Sicht-Fahren, das geht mir echt auf die Eieieieieiei...

W: Dieses geschichtsträchtige *Mea culpa* hat nicht nur den Osterhasen irritiert oder gar enerviert, sondern auch

mich, der ich ein großer Anhänger deutscher Qualitäts-
arbeit bin. Läuft da, frei nach Shakespeare, gar etwas
falsch im Staate Deutschland? Und das schon seit gerau-
mer digitaler Steinzeit? Man muss diese Fragen scho-
nungslos mit einem klaren Ja beantworten.

Um ausgewogen zu sein, zitiere ich den österreichischen
Bundespräsidenten Alexander Van der Bellen. Er sagte
nach Auffliegen des Ibiza-Skandals wörtlich: „So sind
wir nicht." Hat er recht?

W: Ja und nein. Hier muss man differenziert antworten.
Einige sind *so* tatsächlich nicht, andere wiederum sehr
wohl. Ich habe aus der Ferne den Eindruck gewonnen,
dass die österreichische Politik mit dem Kopf mehr auf
Ibiza, oder besser gesagt bei den Auswirkungen des Ibiza-
Skandals, ist als bei der Pandemiebekämpfung. Wenn
der Verfassungsgerichtshof den Bundespräsidenten zu
Hilfe holen und der mit dem Einsatz des Bundesheeres
drohen muss, damit ein Finanzminister vom Untersu-
chungsausschuss geforderte Akten herausgibt, dann ist
es nicht nur „entbehrlich", wie es der Bundespräsident
nennt, dann ist es sogar gefährlich für die Demokratie.
Besonders dann, wenn die Staatsanwaltschaft sogar
gegen den Bundeskanzler ermittelt.

O: Ich sage es ungern, aber leider sind wir so. Jetzt sage
ich schon wir, die Österreicherinnen und Österreicher
natürlich. Das war schon immer so, nur war es früher
schwieriger, erwischt zu werden. „Jedes Schriftl a Giftl"
war der Leitspruch des früheren Wirtschaftskammer-
Präsidenten Rudolf Sallinger. Diesen Spruch haben die
Slim-Anzugträger in der Regierung wohl nicht mehr

mitbekommen beziehungsweise ins digitale Zeitalter übersetzt. Heute müsste es heißen: „Jedes Chatl ein Giftl." Das Ganze dann noch mit Bussi-Bussi-Emojis zu versehen, ist entzückend bis bedrückend. Übrigens, besonders putzig fand ich die Antwort von HC Strache auf die Frage, was ihn am meisten beim Ibiza-Video gestört habe: Ihn habe vor allem sein Leiberl, also sein T-Shirt, gestört. Das ist soo gestört, dass ich juchazen möchte!

Wo führen diese Entwicklungen eurer Meinung nach hin?

W: Ich versuche auch einmal lustig zu sein. Ich habe die Angst, dass aus der BRD, also der Bundesrepublik Deutschland die *Bürokratische Republik Deutschland* wird und wir in einem Sumpf an Bürokratie ersticken. Da wünsche ich mir eher eine Wiederauferstehung der DDR als *Deutsche Digitale Republik*.

O: Hahaha, Claus, du bist ja ein Wortakrobat! Bravo, weiter so! Dann muss ich einmal kurz ernst werden. Mir gibt nicht nur das Weltklima zu denken, sondern das politische Klima in Österreich. Eine Rede des ehemaligen Bundespräsidenten Rudolf Kirchschläger kommt mir da immer wieder in den Sinn. Er hatte die Politik aufgefordert die Sümpfe und sauren Wiesen trockenzulegen. Das war 1980 nach dem Korruptionsskandal rund um den Bau des AKH in Wien. Damals war Österreich eine klassische *Operettenrepublik*, alles war irgendwie nicht ganz so schlimm. Tralala! Heute hat sich das Land in eine *Opernrepublik* verwandelt. Hauen und Stechen im Stile einer blutrünstigen Oper. Jeder gegen jeden, am Schluss waten alle in Blut. Das muss aufhören. Ich möchte meine Operettenrepublik zurück! Kein echtes Blut! Ich möchte „Wiener Blut" von Johann Strauss, dem Sohn! Von mir aus auch „Wiener Blut" von Falco!

Könnte man nicht schon von einer Bananenrepublik reden, wie es einige deutsche Medien tun?

O: Für eine Bananenrepublik ist das Wetter einfach zu schlecht in Österreich. Aber im Ernst, Bananenrepublik sind wir noch keine, die Betonung liegt auf noch. Ich hoffe, die Institutionen bleiben wachsam. Wohin das Gegenteil führen kann, sieht man in unserem Nachbarland *Orbanistan*, dem früheren Ungarn. Aber weil wir gerade bei Bananenrepublik sind, gerade das so ordentliche Deutschland leistet sich eine Hauptstadt, die diesen Titel wahrlich verdient.

W: Lieber Osterhase, das ist jetzt nicht ganz fair. Wiewohl man tatsächlich feststellen muss, dass Berlin viele Parameter eines dysfunktionalen Staates erfüllt. Aber immerhin hat die Hauptstadt jetzt einen funktionierenden Flughafen, zumindest bis auf Weiteres. Ich bleibe hoffnungsfroh. Es stimmt mich aber immer noch traurig, dass mein guter alter Flughafen Tegel nicht mehr ist. Er fehlt mir, sehr sogar. So viel Sentimentalität muss erlaubt sein.

Wenn du hoffnungsfroh bezüglich des BER bist, kann dich in der Pandemiebekämpfung wohl nichts mehr erschüttern.

W: Doch, kann es. Das Qualitätssiegel „Made in Germany" wird leider von „Murks in Germany" abgelöst.

O: Ein Wortakrobat, der Claus, bravo!

W: Danke, ich möchte meinen Gedanken aber fortsetzen. Was sich das Gesundheitssystem hier leistet, grenzt an Fahrlässigkeit. Evident ist, dass die Evidenz fehlt. Anstatt sich auf Zahlen, Daten und Fakten zu stützen, gibt man sich dem Inzidenzfetischismus hin. Ich bin erschüttert, dass hier ein einziger Parameter als harte Währung präsentiert wird, die für alle Einschränkungen der Freiheits- und Bürgerrechte herhalten muss. Dabei ist die Inzidenz, die deutsche Inzidenz wohlgemerkt, alles andere als eine harte Währung, sie ist weich, dass es weicher nicht mehr geht. Das Robert-Koch-Institut entschuldigt sich regelmäßig im Vorhinein und im Nachhinein, dass die Zahlen mit großer Vorsicht zu genießen seien, weil, weil, weil. Dennoch werden die Inzidenzwerte als allein selig machend präsentiert. *RKI* steht für mich für *Richtig Kranker Inzidenzfetischismus*.

O: Oida, du bist eine Wucht! In diesem Menschen schlummern ungeahnte Fähigkeiten. Bist du sicher, dass du kein Österreicher bist? Du bist ja richtig kreativ, bravo!

W: Gegen Angriffe kann man sich wehren, gegen Lob ist man machtlos, um mit Sigmund Freud zu replizieren.

O: Und g'scheit ist er auch noch! Aber ich bin auch nicht ganz deppert, denn da fällt mir ein Zitat von Bruno Kreisky ein. „Sie glauben gar nicht, wie viel Lob ich vertragen kann", hat der Alte als Bundeskanzler mal einem Reporter geantwortet.

W: O.k., Osterhase. Diese intellektuelle Wortspende hat

auch Lob verdient.

Ich muss jetzt kurz den Oberlehrer mimen und „Zurück zum Stoff" einmahnen. Wir waren bei den Zahlen.

O: Ah ja, die Zahlen. Ich bin auch ein bisserl erstaunt, dass ich neuerdings den österreichischen Zahlen mehr vertraue als den deutschen. Eine vollkommen neue Erfahrung für mich. Außerdem ist einmal nicht Deutschland Weltmeister, sondern Österreich. Glaubt man dem Basti, dem Bundeskanzler, dann ist Österreich Testweltmeister.

W: Im Vergleich zu Deutschland hat er auf jeden Fall recht, die Latte liegt allerdings niedrig, weil man in Deutschland in Sachen Pandemie wirklich sehr wenig auf die Reihe kriegt.

Lasst uns in die Zukunft blicken. Werden wir normale Weihnachten feiern?

W: Das weiß nur Gott. Ich kann nur sagen, dass Planungssicherheit derzeit ein frommer Wunsch ist. Gott sei Dank und leider habe ich mich in Mecklenburg-Vorpommern niedergelassen. Leider, weil ich gerade dort manchmal an DDR-Zeiten erinnert werde. Das Pandemieregime ist doch, ich sage es diplomatisch, eher strikt. Die Einschränkungen der Reise- und Niederlassungsfreiheit für Deutsche, wie Zweitwohnbesitzer, gemahnen an längst verdrängte Tage. Was die Menschen Gott sei Dank in ihrer Ossi-DNA behalten haben, ist die Gabe, Entschuldigung für den Ausdruck, aus Scheiße Gold zu machen. Das ist in Zeiten wie diesen Goldes wert.

Und wie sieht es mit Ostern aus?

O: Du bist mir aber ein ganz ein Lustiger! Ich habe eines in meinem Mediencoaching gelernt: Beantworte keine unbeantwortbaren Fragen. Ich weiß nicht einmal, was morgen passiert, und schon gar nicht zu oder an Ostern. Osterruhe oder Osterunruhe, mir ist es wurscht. Ich nehm's, wie's kommt. Aber vielleicht kommt die Politik noch auf die Idee, Weihnachten und Ostern zusammenzulegen. Luja, sog i!

W: Halleluja, sage ich. Das würde mir noch fehlen. Geteiltes Leid ist ja bekanntlich nicht halbes Leid, sondern doppeltes Leid. Bei aller Leidensfähigkeit der Deutschen, das kann ich mir beim besten Willen nicht vorstellen. Dann steigen selbst die frömmsten Weihnachts- und Osterlämmer auf die Barrikaden. Dann herrscht Weihnachtskrieg, wie wir ihn noch nie erlebt haben. Und das noch dazu erstmals seit Menschengedenken ohne Mutti, die die Deutschen mit ruhiger Hand tätschelt und ihnen leise ins Ohr flüstert: „Haltet durch! Wir schaffen das."

Das klingt ja aus norddeutschem Munde besonders bedrohlich. Wie beurteilst du die psychologischen Aspekte?

W: Diese dürfen bei Gott nicht unterschätzt werden. Manche sprechen gar von Psychoterror. Ich kann das nachvollziehen, wenn die Gültigkeit der Inzidenzgrenzwerte einer Lotterie gleicht. 200, 165, 50, 35, 20, 0: Die Zahlenfetischisten haben ihre Freude, bedenken aber nicht, wie viel Hoffnung und Glauben an die Politik sie mit ihrem Hü-Hott-Spiel zerstören. Gerade an und zu

Weihnachten. Ich frage mich öfters, was Sigmund Freud dazu sagen würde. Er hat ja, was nur wenige wissen, nicht nur die Seele und die Abgründe der Alpenländer untersucht, sondern familienbedingt, sozusagen als teilnehmender Beobachter, auch jene der Norddeutschen.

O: Bingo! Ich weiß es! Ich kenne die Geschichte, weil sie so eine kitschige Liebesgeschichte ist. Zwischen einem Wiener und einer Hamburgerin. Mei, da wird mir gleich ganz warm ums Herz. „Prinzeßchen, mein Prinzeßchen! Wie schön wird es sein!" So schrieb er seinem „Martchen", seiner großen Liebe Martha aus Hamburg-Wandsbek in einem seiner mehr als 900 Liebesbriefe, bis sie endlich in Wandsbek heiraten konnten und sogar die goldene Hochzeit erlebten. Eine echte deutsch-österreichische Liebesgeschichte, die mit „Bis dass der Tod euch scheidet" endet. Mir wird schon wieder ganz warm ums Herz.

W: Da merkt man, dass der Osterhase schon zu lange in Österreich lebt. Das klingt alles ein wenig nach Sisi. Im Kitsch sind die Österreicher den Deutschen auf jeden Fall überlegen, wenn ich das anmerken darf.

O: Jo eh. Hast eh recht, ich reiße mich wieder zusammen Wo waren wir stehen geblieben?

Bei Sigmund Freud.

O: Ach ja, zu dem fällt mir gerade nichts ein. Aber was ich sagen, wollte – irgendwie passt das dann doch zu Freud –, also was ich sagen wollte, ist Folgendes. Mir wäre eine Mischung aus österreichischen und deutschen

Politikern am liebsten. Dann käme vielleicht etwas G'scheiteres heraus. Die einen sind mir zu schamlos, die anderen zu charmelos. So ein schöner Mischmasch würde uns nach vorne bringen.

W: Da muss ich dem Osterhasen zustimmen und eine Beobachtung zu den Wahlkämpfen in den jeweiligen Ländern äußern. Selbst mir als kühlem Kopf sind deutsche Wahlkämpfe ein langweiliges Grauen. Bei TV-Konfrontationen drohe ich immer ins Wachkoma zu fallen. Hingegen wird in Österreich dermaßen weit unter der Gürtellinie zugeschlagen, dass mich ein Gefühl des Fremdschämens übermannt.

O: Hat er jetzt Gefühl gesagt?! Ich pack's nicht! Weihnachtsmann aus dem hohen Norden, du wirst doch auf deine alten Tage nicht auch noch von Gefühlen gebeutelt. Vielleicht bist du gar ein Bauchmensch und weißt es nur nicht.

W: Das mit dem Bauch kann ich bestätigen. Dass ich ein Mensch bin, kann ich ausschließen.

Wir kommen zum Schluss und jeder darf sich etwas wünschen. Osterhase, was wünschst du dir zu Weihnachten?

O: Ich wünsche mir ein friedliches Miteinander in Freiheit von Christkindl und Santa Claus.

Und du Claus, was ist dein Osterwunsch?

W: Ich wünsche Deutschland mehr Osterhasen und

weniger Angsthasen.

Abschließend möchte auch ich Sigmund Freud bemühen:

„Rückblickend werden Sie die Jahre des Kampfes als die schönsten erleben."

W: Sein Wort in Gottes Ohr. Die Frage ist aber, wann wir endlich zurückblicken können.

O: Aber wenn es so weit ist, dann lassen wir es krachen. Dann feiern wir Party, dann fallen tatsächlich Ostern und Weihnachten zusammen!

W: Aber hoffentlich nur metaphorisch.

O: I wear narrisch mit dem Claus!

Dann danke ich euch beiden für das wirklich aufschlussreiche Gespräch. Ich wünsche meiner Tochter und allen Kindern, dass ihr beide ihnen lange erhalten bleibt. Dass sie sich über viele Geschenke freuen können, endlich wieder Kind sein dürfen und alle ihre Liebsten, auch Oma und Opa, fest drücken und küssen dürfen. Den deutschen Kindern wünsche ich noch besonders, dass ihre Rechte endlich ins Grundgesetz kommen und dass sie nicht mehr als Sache, sondern als Menschen gesehen und behandelt werden, so wie im Rest Europas auch. Das ist so, das ist kein Schmäh. Euch beiden wünsche ich viele funkelnde Kinderaugen und viele glückliche Kindergesichter! In diesem Sinne: Fröhliche Weihnachten und frohe Ostern!

W: Gleichfalls. Tschüss!

O springt auf und schmettert hoppelnd aus voller Brust: „Oh, du fröhliche, oh du selige, gnadenbringende Weihnachtszeit!"

Mag. (in Österreich) Dr. (in Deutschland und Österreich) Christian Moser ist schon viel herumgekommen und schon viel geworden, außer Wirt. Dafür war er aber Lagerarbeiter, Bauarbeiter, Teppichverkäufer, Textilkaufmann, Präsenzdiener, Tennislehrer, Schilehrer, Krankenpfleger, rasender Rettungssanitäter, Journalist, leitender Redakteur, Radio- und Fernsehmacher, Universitätslektor, Universitätsdozent, Start-up-Gründer, alleingeschäftsführender Alleingesellschafter, Liquidator, politikverdrossener Politikberater, Event-Dramaturg, Kampagnenmanager, Public-Relations-Manager, Unternehmensberater, Medientrainer, Executive Coach, Moderator, Werbefuzzi, Werbefilmer, Krisenbewältiger und bisher erfolgloser Schatzsucher. Aus purer Verzweiflung hat der zweifache Vater einen Verlag gegründet, verbunden mit der Hoffnung, endlich reich zu werden. Da er aber bisher keinen Autor gefunden hat, der bei ihm verlegen möchte, blieb ihm nichts anderes übrig, als selbst in die Tasten zu greifen. Wenn das auch nichts wird, bleibt immer noch die Option Wirt.